船舶消防

主编 杜林海 乔志 陈永盛

大连海事大学出版社
DALIAN MARITIME UNIVERSITY PRESS

ⓒ 杜林海 乔志 陈永盛 2024

图书在版编目(CIP)数据

船舶消防 / 杜林海，乔志，陈永盛主编. — 大连：大连海事大学出版社，2024.8. — ISBN 978-7-5632-4572-7

Ⅰ.U664.88

中国国家版本馆 CIP 数据核字第 2024U3U916 号

大连海事大学出版社出版

地址：大连市黄浦路523号　邮编：116026　电话：0411-84729665(营销部)　84729480(总编室)

http://press.dlmu.edu.cn　E-mail:dmupress@dlmu.edu.cn

大连日升彩色印刷有限公司印装	大连海事大学出版社发行
2024 年 8 月第 1 版	2024 年 8 月第 1 次印刷
幅面尺寸:184 mm×260 mm	印张:10.25
字数:259 千	印数:1~500 册

出版人:刘明凯

责任编辑:陈青丽	责任校对:苏炳魁
封面设计:张爱妮	版式设计:张爱妮

ISBN 978-7-5632-4572-7　　定价:26.00 元

前　言

《船舶消防》是为海事管理专业编写的教材。本教材以提高学习者的消防管理能力为出发点，给出了提高船舶消防管理的多个抓手。本教材严格以"船舶消防教学大纲"要求的知识和技能为基础，并结合航海实践安排和编写内容。

本教材主要包括船舶消防安全管理、船舶消防理论、船舶防火结构、通风系统、脱险通道、船舶消防器材、火灾的探测和报警、固定消防系统、船舶消防应急组织及其训练和其他消防项目。本教材在编写的过程中，贯彻理论联系实际的原则，力求深入浅出、通俗易懂地将教材中需要掌握的知识技能讲解清楚。本教材也可作为航海、轮机工程、船舶电子电气工程等专业学生的学习用书，还可作为在职船员的参考用书。

本教材由杜林海、乔志、陈永盛担任主编。教材第一、七、八、九章由杜林海编写，第二、三、四章由陈永盛编写，第五、六、十章由乔志编写，全书由杜林海统稿。在本书的编写过程中，得到了海丰国际控股有限公司相关人员的大力支持和帮助，在此表示衷心的感谢。

由于编者的经验和水平有限，不足之处在所难免，竭诚希望业内的专家、同行批评指正。

编者
2024 年 3 月

目 录

第一章 船舶消防安全管理 ……………………………………………………… 1
    第一节 概述 ……………………………………………………………… 1
    第二节 消防管理的基本要求和实现手段 ……………………………… 4
    课后练习题 ……………………………………………………………… 8

第二章 船舶消防理论 …………………………………………………………… 9
    第一节 船舶消防基础知识 ……………………………………………… 9
    第二节 燃烧和爆炸产物温度的计算 …………………………………… 14
    第三节 燃烧类型 ………………………………………………………… 21
    第四节 火灾的蔓延 ……………………………………………………… 26
    第五节 火灾的分类及灭火 ……………………………………………… 29
    课后练习题 ……………………………………………………………… 36

第三章 船舶防火结构 …………………………………………………………… 37
    第一节 基本概念 ………………………………………………………… 37
    第二节 客船的防火结构 ………………………………………………… 40
    第三节 货船的防火结构 ………………………………………………… 47
    第四节 对船舶防火结构的检验 ………………………………………… 50
    课后练习题 ……………………………………………………………… 52

第四章 通风系统 ………………………………………………………………… 53
    第一节 通风系统概述 …………………………………………………… 53
    第二节 通风系统的要求 ………………………………………………… 54
    第三节 对通风设备的检验 ……………………………………………… 61
    课后练习题 ……………………………………………………………… 62

第五章 脱险通道 ………………………………………………………………… 64
    第一节 客船脱险通道的要求 …………………………………………… 64
    第二节 货船脱险通道的要求 …………………………………………… 65
    第三节 对脱险通道的检验 ……………………………………………… 67

    课后练习题 …… 70
- **第六章　船舶消防器材** …… 71
  - 第一节　船用灭火器材的配备 …… 71
  - 第二节　灭火器材的检查维护和保养 …… 76
  - 第三节　消防员装备 …… 78
  - 第四节　其他消防器材 …… 80
  - 课后练习题 …… 83
- **第七章　火灾的探测和报警** …… 84
  - 第一节　自动火灾探测报警系统 …… 84
  - 第二节　火灾探测报警系统的布置 …… 91
  - 第三节　火灾探测报警系统的检查、维护和保养 …… 93
  - 课后练习题 …… 94
- **第八章　固定消防系统** …… 96
  - 第一节　固定水灭火系统 …… 96
  - 第二节　二氧化碳灭火系统 …… 99
  - 第三节　船舶泡沫灭火系统 …… 108
  - 第四节　干粉灭火系统 …… 112
  - 第五节　水基灭火系统 …… 114
  - 课后练习题 …… 121
- **第九章　船舶消防应急组织及其训练** …… 123
  - 第一节　船舶消防应急组织 …… 123
  - 第二节　扑救小型初期火场的训练 …… 125
  - 第三节　水带小组 …… 127
  - 第四节　船舶泡沫灭火系统的操作训练 …… 132
  - 第五节　火场调查和火场搜救训练 …… 135
  - 第六节　船舶消防战略的确定训练 …… 138
  - 第七节　船舶灭火基本战术 …… 139
  - 第八节　现场处置方案 …… 142
  - 第九节　消防演习 …… 147
  - 课后练习题 …… 148
- **第十章　其他消防项目** …… 149
  - 第一节　惰性气体保护系统 …… 149
  - 第二节　船舶防火控制图 …… 153
  - 课后练习题 …… 156
- **参考文献** …… 157

第一章
船舶消防安全管理

第一节 概述

消防安全是船舶安全的重要内容。与陆地建筑不同,船舶具有可燃物较多、空间狭窄、建造材料的热传导性强、结构复杂等特点。这些特点使得船舶火灾具有隐患多、蔓延快、自救难等特点;而且在船舶航行期间,通常离陆地较远,很难及时得到岸基救援;即便船舶失火后,岸基救援可及时到达,但还是会受风、浪等不利条件的限制,使得外部救援施救的难度也非常大。因此国际公约、规范①等对船舶结构、火灾探测和报警、火灾扑救和脱险通道等方面做出了严格的规定和操作要求。

一、国际船舶消防安全管理

为了减少消防事故的发生,航运界在多个方面做出了努力。其中成效显著的有两个方面:第一方面,是努力提升船舶消防设备的配备标准;第二方面,是提升船员的培训标准,提高船员的适任能力。

1.船舶消防设备的管理

国际上,船舶消防安全管理的依据主要体现在《国际海上人命安全公约》(International Convention for the Safety of Life at Sea,简称 SOLAS)第Ⅱ-2 章、《国际消防安全系统规则》(International Code for Fire Fighting System Safety,简称 FSS Code)、《国际耐火试验程序应用规则》(2010)(International Code for Application of Fire Test Procedure,2010,简称 FTP Code 2010)以及相关决议案和通函。

SOLAS 公约的第Ⅱ-2 章对船舶消防通则、火灾爆炸的预防、火灾的抑制、脱险、操作性要求、替代设计和布置及特殊要求等方面做出了具体的规定。SOLAS 公约 2000 年修正案将公约

---

①本教材中所提规范,指的是由主管机关(海事局)制定的《国际航行船舶法定技术检验规范》和《国内航行船舶法定技术检验规范》。

中原来有关消防器具、用品、灭火、探火报警系统的技术指标的内容从公约中剥离出来,集结成单独的"FSS Code"。在船舶结构中,涉及船舶消防安全的结构和材料必须经过相关的试验验证。FTP Code 2010 中规定的试验验证项目包括:不燃性材料,烟气和毒性,A、B、F 级分隔,防火门控制装置,表面可燃性,垂直悬挂纺织品和薄膜,软垫家具,床上用品,高速船阻火材料和阻火分隔等十项试验的试验程序和标准。

SOLAS 公约 Ⅱ-2 章(系统和设备的配备要求)、FSS Code(系统和设备的性能要求)和 FTP Code 2010(耐火试验要求)基本构成了国际船舶消防安全管理体系。船舶消防安全管理体系如图 1-1-1 所示。

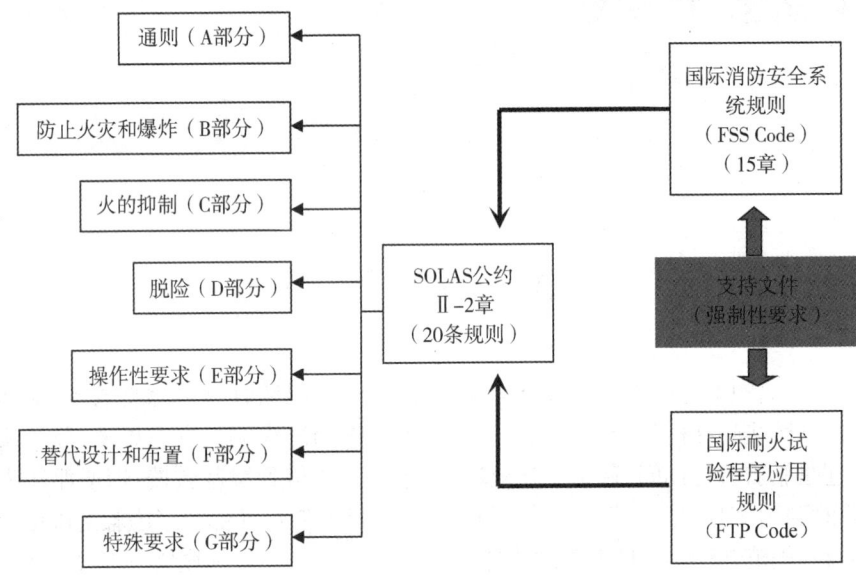

图 1-1-1　船舶消防安全管理体系

2.对船员消防操作的管理

SOLAS 公约自诞生以来,其内容不断得到修改与完善,这也使得船舶消防设备的性能和配置水平不断得到提升。但是船舶自身的安全水平并未随着消防设备配置的提升而得到同步提升。这引起了航运界的反思,航运界认为船舶上配备的船员对消防设备的操作能力也关系着船舶的安全水平。为此,IMCO"(Inter-governmental Maritime Consultative Organization,政府间海事协商组织)"于 1960 年召开的关于海上人命安全的国际会议上,提出了针对海员进行"教育与培训"的建议,并获得了通过。这样,IMCO 联合 ILO(International Labour Organization,国际劳工组织)于 1964 年完成了《1964 年船员培训导则》的制定。该导则包含了火灾的预防、探测和灭火等方面的培训建议和指南。该导则后于 1975 年、1977 年分别进行了修改、增添及补充,并于 1979 年 11 月以大会决议案的形式[Resolution A.437(XI)]成了《1978 年海员培训、发证和值班标准国际公约》(International Convention on Standards of Training, Certificate and Watchkeeping for seafarers, 1978,简称 STCW 78)的内容。

IMO(IMCO 于 1982 年改名为 IMO,国际海事组织)于 1995 年对 STCW 78 公约进行了全面的修订,形成了 STCW 78/95 公约。STCW 78/95 公约将原来的"船舶消防培训"进行了调整,形成了"防火与灭火"和"高级消防"两个培训体系。上述修订不仅表现了对海员安全和职业健康的关注,而且考虑了自 1978 年 STCW 公约批准以来航运情况的变化。

2010年6月21—25日，IMO在菲律宾首都马尼拉召开外交大会，对STCW 78/95再次进行全面修订，形成了《〈STCW公约〉马尼拉修正案》。

STCW公约的实施，对促进包括我国在内的各缔约国海员素质的提高，保障海上人命及财产安全，保护海洋环境，有效控制人为因素，都起到了积极的作用。

二、国内船舶消防安全管理

在国内，船舶消防安全管理主要由交通运输部海事局和中国船级社负责。

1. 海事局和中国船级社之间的关系

SOLAS公约属于国际法范畴，其履约主体是国家。中华人民共和国政府"批准和接受公约议定书"就表示同意在悬挂中国国旗的船舶上履行公约所载之义务。根据中华人民共和国国务院令(第109号)发布的《中华人民共和国船舶和海上设施检验条例》第3条规定：中华人民共和国海事局(以下简称海事局)是依照该条例规定对船舶检验实施管理的主管机关。

海事局(主管机关/部门)代表船旗国(中国)政府负责履约。船旗国政府的履约形式主要就是通过对悬挂该国国旗的船舶实施相关的检验(法定检验)，确保上述船舶符合相关公约标准。法定检验的依据主要包括SOLAS公约、STCW公约、ITC(国际船舶吨位丈量公约)、LL(国际载重线公约)、COLREGs(国际海上避碰规则)、MARPOL(国际防止船舶造成污染公约)、MLC(国际海事劳工公约)、AFS(国际控制船舶有害防污底系统公约)等国际公约及其规范。

法定检验可以由海事局(主管机关/部门)直接实施，也可通过与船级社签订《法定检验授权协议》，授权中国船级社实施。

《中华人民共和国船舶和海上设施检验条例》第4条规定：中国船级社属于社会团体性质的船舶检验机构，可以承办国内外船舶、海上设施和集装箱的入级检验、鉴定检验和公正检验业务。船级检验理论上并非强制性质。

2. 消防设备的管理

对船舶的法定检验，如稳性、消防、救生与通信导航等检验，由交通运输部海事局负责；中国船级社负责船体结构、轮机、电气等船级检验工作。相应地，海事局颁布了《船舶与海上设施法定检验技术规则》；船级社颁布了《钢质海船入级规范》。上述文件成了对船舶消防设备进行管理的技术依据。

3. 船舶消防操作能力的监管

交通运输部海事局除对船舶消防设备进行技术监管外，还负责对"船员培训、考试和发证"工作进行管理，肩负国家的履约责任；同时对船舶上的任职人员的适任能力进行监管。

对船员培训、考试和发证管理的文件主要包括：《中华人民共和国海船船员适任考试和发证规则》《中华人民共和国海船船员培训合格证书签发管理办法》《中华人民共和国海船船员培训大纲》。

海事局在"船员培训、考试和发证"方面的管理机制，主要包括"职能发证"和"适任能力评估"。

所谓"职能发证"方法，是指将船员作为个体所要履行的职能转化为标准成为评判能否为该个体颁发证书的依据。职能系指STCW规则指明的为实现船舶操作、保障海上人命安全、保护海洋环境目标所需履行的任务、义务和职责。

"适任能力"是指按国际统一的标准(STCW规则)，以安全和有效的方式履行特定职能的能力;该标准是关于知识、经验和实际技能的标准或等级的综合。在确立适任标准之后,就可以利用标准针对船员是否具有实际执行职能的能力进行评估,并以此为证据进行发证,而不是以传统的笔试或口试的方式。

对海员的"适任能力"进行有效的评估,需要采用几种评价方法的适当组合,仅采用考试并不能保证所有的海员达到充分的适任性;要求海员参加强制性培训课程,对于达到充分的适任性是至关重要的;评估不仅应以知识为基础,也应对海员的基本技能进行评价。

第二节　消防管理的基本要求和实现手段

船舶消防设计、建造和营运必须严格遵守公约及规范的规定和要求,这是保证船舶消防安全的最基本的措施。

对船舶消防设备实施有效管理的手段就体现在法定检验、船级检验以及营运中的操作性检查当中。

一、法定检验和船级检验的性质

法定检验,是由船旗国政府(或委托的机构)依据国家的法律法规、有关国际公约、规范等对船舶进行的强制性监督检验。SOLAS公约要求的法定检验主要有:初次检验、年度检验、中间检验、换证检验、船底外部检验和附加检验等,详见表1-2-1。法定检验的内容覆盖了船体结构、稳性、载重线、舱室设备、乘客定额、吨位丈量、防污染结构与设备、救生及消防设备、航行信号以及部分船用产品等。

表 1-2-1　法定检验和船级检验的检验种类

序号	船级检验名称	法定检验名称
1	初次检验	初次检验
2	年度检验	年度检验
3	中间检验(定期检验)	中间检验(定期检验)
4	特别检验(特检)	换证检验
5	临时检验	临时检验
6	坞内检验	船体外部检验
7	螺旋桨和艉轴检验	特别定期检验
8	锅炉检验	起重设备检验
9	冷藏装置检验	船员舱室检验

船级检验(也称入级检验)是根据船级社的验船规范和技术标准进行检验并签发船级证书。船级社认为船体及其附属物主要部件的结构强度和完整性、推进系统、操舵系统、发电系统以及船上装配的其他辅助系统的可靠性和功能,能满足船舶基本要求而签发证书,并在证书上以不同的符号和标识标出。

船舶入级检验和法定检验在检验内容和范围上各有侧重。对船舶本身讲,入级检验最终是为了获得船舶入级证书;法定检验最终是为了获得法定证书(如船舶安全证书、吨位证书、载重线证书等)。船舶消防设备和消防结构证书分别属于船舶安全结构和安全设备证书。国际航行客船"安全证书"的有效期限不超过12个月,国内航行客船的安全结构和安生设备证书等被统一在船舶安全与环保证书中,有效期限不超过24个月;货船的安全结构和安全设备证书的有效期限不超过5年。

为了满足船舶营运的需要,IMO建立了法定检验和船级检验的协调检验发证制度。经过协调检验发证制度的协调,法定检验和船级检验在时间安排上保持了一致,基本都包含了审图、初次检验、年度检验、中间检验、特别检验、坞内检验/船体外部检验等检验安排。除上述安排外,船级检验还包括螺旋桨和艉轴检验、循环检验等,详见表1-2-1。

船舶检验机构,按规定的间隔期及检验内容对营运船舶进行相应检验,满意后签署或换发新的法定检验证书和船级证书。

二、法定检验和船级检验的流程

法定检验和船级检验贯穿了船舶设计、建造、营运的整个生命周期,直至报废。

1. 审图

船舶设计阶段需由船舶检验机构进行图纸审查。

船舶的设计由认可的设计单位完成,提交船舶检验机构(法定检验和船级检验机构)审查;船舶检验机构按照法律、行政法规、规章和法定检验技术规范等对图纸进行审查,并提出审图意见;设计单位在落实完成图纸审查意见后,船检机构审查认为已符合规定的,则在图纸资料上加盖"批准"章。

船舶入级检验都是由各船级社自己审图和检验。法定检验可由法定检验机构的审图中心进行审图和检验,也可全部或部分委托船级社进行审图和检验。

2. 建造

船舶的建造检验也可称为初次检验。船舶的所有人或者经营人,建造或者改建船舶时,必须向船舶检验机构申请建造检验。船检机构在执行建造检验时,应通过检验、试验,确认船舶符合经批准的图纸和资料的要求,且工艺和安装令人满意。

建造检验基本流程,主要包括:开工前检查—开工会议—重要日期确认—吨位丈量复核报备(适用于新建船舶)—实船检验(常规项目检验、下水前检查、倾斜试验、系泊试验)—试航证书签发—航行试验—完工确认—签发船检证书。实际上,可以理解为在上述过程中,完成了初次检验。

3. 船舶营运

船舶在初次检验合格后,按证书限定的航区、条件及预定业务投入营运。营运检验包括定期检验(包括年度检验、中间检验、换证检验、船体外部检验与坞内检验、螺旋桨和艉轴检验、锅炉检验、特别定期检验等)和临时检验。

(1)年度检验简称年检。对与特定证书有关项目进行总体检查,以确保其处于良好状态并且符合船舶预期的营运业务。年检的窗口期为每次年检日期的前后3个月内,见图1-2-1。年检完成后应在船舶证书上签署。船级年度检验与法定检验的年度检验概念相同。

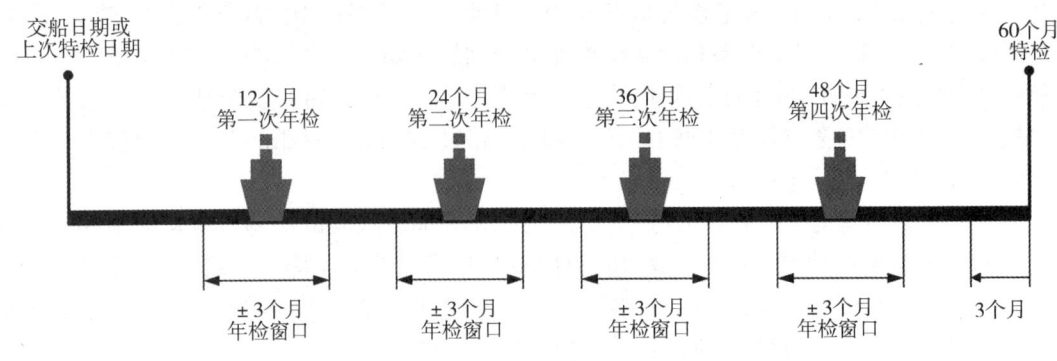

图 1-2-1 船舶年检安排

（2）换证检验也称为特检（即特别检验）。特检即对与特定证书有关的项目进行检查，以确保其处于良好状态，并且适合船舶预期的营运业务。特检每 5 年进行一次，见图 1-2-1、图 1-2-2，并换发新证书。

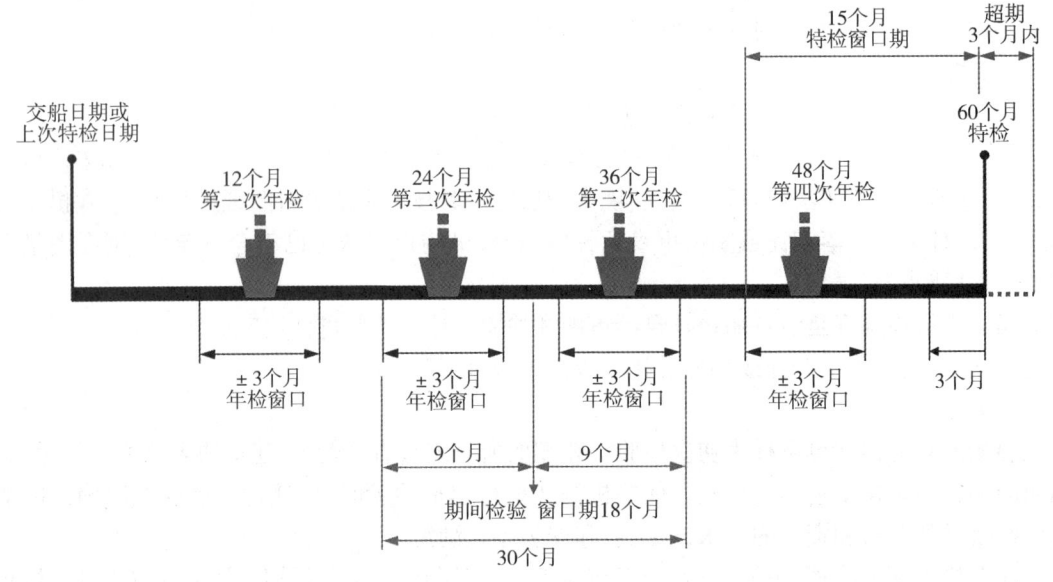

图 1-2-2 船舶特检安排

（3）中间检验。中间检验是指在一个特检周期的中间需完成的检验。但是为了船舶运营的方便，通常中间检验可以与第二次年检或者第三次年检一起完成。中间检验的窗口期是从船舶建造日期或特检日起的第二或第三个周年日前或后 3 个月内进行，见图 1-2-3。该检验与法定中间检验概念相同。

（4）坞内检验与船体外部检验。对船舶水下部分和有关项目进行检验，以确保其处于良好状态，并且适合船舶预期的营运业务。国内航行海船（货船），在其"安全与环保证书"有效期间应至少进行 2 次检验，且任何 2 次之间的间隔应不超过 3 年，其中 1 次应在换证检验时且在干坞内进行。客船的船体外部检查应每 2 年进行 1 次，任何情况下，任何 2 次干坞内的船体外部检查间隔期不应超过 36 个月，见图 1-2-4。

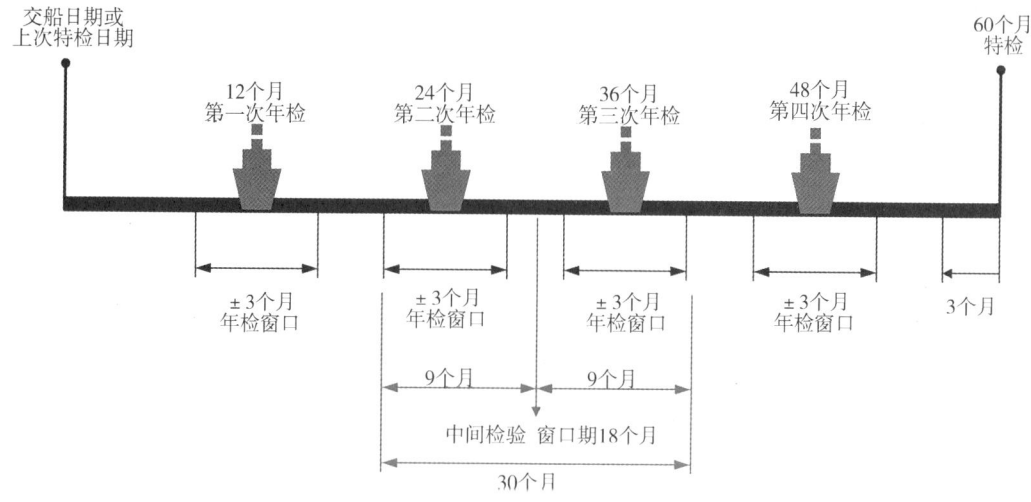

图 1-2-3 船舶中间检验安排

(5)特别定期检验①:国内海船在达到规定的特别定期检验船龄的前后半年内,应进行初次特别定期检验,其后的特别定期检验应在证书的到期日前、后各3个月内完成。检验时按相应证书的换证检验要求进行,以确保其处于良好状态,并适合船舶预定的用途。

法定检验中的起重设备检验和船员舱室检验,以及船级检验中的锅炉检验和冷藏装置检验均与船舶消防安全关系不大,在此不再讲述。

船舶投入营运后,按规定的间隔期及检验内容进行相应检验,检验机构认为满意后签署或换发新的法定检验证书和船级证书。

(6)临时检验。中国籍船舶、水上设施的所有人或者经营人,有下列情形之一的,应当向国内船舶检验机构申请临时检验:①因发生事故,影响船舶适航性能;②改变证书所限定的航区或者用途;③船舶检验机构签发的证书失效时间不超过一个换证周期;④涉及船舶安全的修理或者改装,但重大改建除外;⑤变更船舶检验机构;⑥变更船名、船籍港;⑦存在重大安全缺陷影响航行和环境安全,海事管理机构责成检验的。

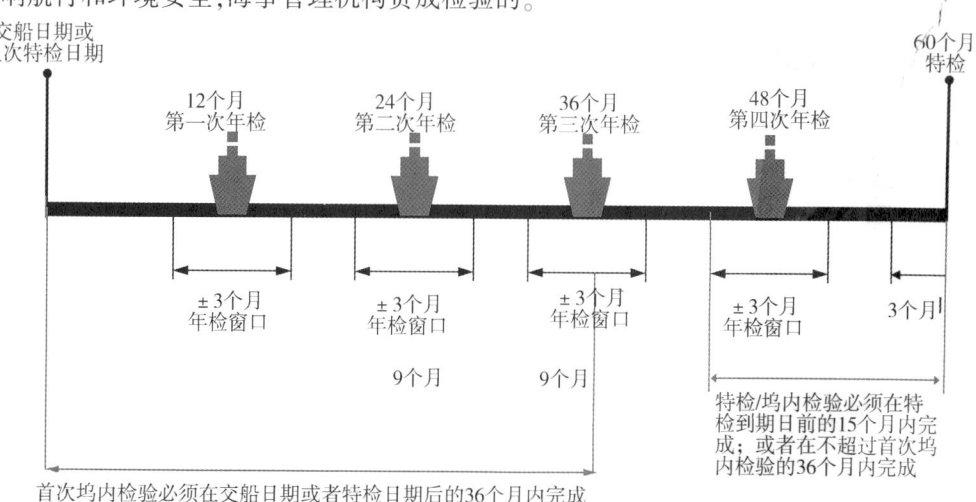

图 1-2-4 坞内检验/船体外部检验的安排

①特别定期检验,参考交通运输部关于修改《老旧运输船舶管理规定》的决定。

三、操作性检查

操作性检查主要是指港口国监督(Port State Control,简称 PSC)检查。该检查是指港口国的政府机构或其授权机构,通过对到达本国港口的外籍船舶的技术状况和船员能力进行(特别是有关船舶航行安全与防污染方面的)监督检查,以保证船舶在海上的人命和财产安全;减少污染海洋环境。检查依据主要是《1974 年国际海上人命安全公约》(简称 SOLAS 74)、《1973 年国际防止船舶造成污染公约及 1978 议定书》(简称 MARPOL 73/78)、《1978 年海员培训、发证和值班标准国际公约》(简称 STCW 78/95)、国际劳工组织(ILO)2006 年的《国际海事劳工公约》(简称 MLC 2006)。在每次的 PSC 检查中,消防检查都占据重要的地位。

课后练习题

1. 简述 SOLAS 公约和 STCW 公约的发展过程。
2. 简述船舶检查的种类、性质及其检查依据。

第二章
船舶消防理论

船舶消防理论是船舶消防管理的基础,是船舶实施防火和灭火行动的根本依据。

第一节　船舶消防基础知识

18世纪70年代,法国科学家拉瓦锡从宏观上解释了燃烧的发生机理。但是燃烧反应中的某些问题,例如燃烧反应的过程,燃烧的实质等均未能解释清楚。为了能够科学解释燃烧的本质,先后产生了碰撞理论、热自燃理论和链式反应理论。

一、燃烧条件

在一般情况下,燃烧可以理解为可燃物和助燃物(氧或氧化剂)之间发生的剧烈氧化还原反应,并伴有发光发热的现象。在反应过程中,除自燃现象外,都需要用点火源引发反应。所以,燃烧要素可以简单地表示为可燃物、助燃物(氧化剂)和着火源这三个基本要素(条件)。

1. 燃烧三要素

(1)可燃物

凡是能与空气或其他氧化剂发生燃烧反应的物质均可被称为可燃物。海运货物中存在大量的可燃物,这些可燃物按其物理存在状态有固态、液态和气态。

(2)助燃物

现代燃烧理论认为:能帮助或支持可燃物燃烧的物质,即能与可燃物发生燃烧反应的物质称为助燃物。这个定义就说明了,助燃物不只是氧,还包括氧化剂。助燃物本身不能燃烧,所以助燃物不是可燃物。但是没有助燃物,就不能产生剧烈的燃烧现象。

(3)着火源

能够供给可燃物与氧或氧化剂发生燃烧反应的能量,我们称之为着火源。最为常见的着火源是各种热能源。船舶上热能源很多,常见的包括:明火、暗火、热表面(包括炽热体)、热工作业部件、火星、电火花、静电、自燃物等。

2.对燃烧条件的分析

可燃物、助燃物和着火源只是燃烧的必要条件,但燃烧的发生还需要上述三个条件达到一定量的要求,并且存在相互作用的过程。总结如下:

(1)可燃物或可燃物挥发出的可燃气体浓度必须达到一定的程度

有(火)焰的燃烧实际上是气体燃烧。在燃烧过程中,可燃气体、可燃液体的蒸气或是可燃固体熔解挥发出的气体与空气混合达到一定浓度,才会发生燃烧或爆炸。例如,常温下用明火接触柴油液体表面,柴油并不立即燃烧,这是因为在常温下柴油表面挥发的柴油蒸气量不多,没有达到燃烧所需的浓度,虽有足够的空气和火源接触,也不能发生燃烧。在通常情况下,0号柴油在温度为55 ℃以下,其液体表面的蒸气量均不能达到燃烧所需的浓度。

(2)一定量的助燃物

各种不同的可燃物发生燃烧,均有本身固定的最低氧含量要求,详见表2-1-1。氧含量低于这一浓度,即使其他必要条件已经具备,燃烧现象仍不会发生。如:汽油燃烧的最低氧含量要求为14.4%,煤油为15%,乙醚为12%。

表2-1-1 常见可燃物燃烧所需氧含量表

名称	汽油	乙醇	煤油	乙醚	氢气
氧含量(%)	14.4	15.0	15.0	12.0	5.9

(3)点火能量达到最低要求

各种不同可燃物发生燃烧,也都有本身固定的最小点火能量要求。达到这一能量才能引起燃烧反应,否则燃烧便不会发生。如:汽油的最小点火能量为0.2 mJ,乙醚(5.1%)的最小点火能量为0.19 mJ,甲醇(2.24%)的最小点火能量为0.215 mJ。

(4)三要素之间的相互作用

燃烧三要素都达到最低的量值要求,这只是燃烧的基本条件。实际上,对于三要素"最低量"的要求是变化的。如氧含量(浓度)的变化就会改变可燃气体、液体和部分可燃物的燃点;压力和温度的变化,也会对液态和气态可燃物的燃烧有影响。

燃烧要发生,还必须使以上三个条件相互作用,产生快速的氧化反应。"快速"强调化学反应本身的速度足够快;其衡量标准就是"发光发热"。例如,铁在空气中的燃烧,由于空气中氧气含量为21%,所以铁在空气中发生化学反应时就会受到限制,结果生成铁锈(氧化铁和氧化亚铁的混合物);但是铁在氧气中燃烧时,开始阶段燃烧速度就非常快,表现为发光和发热;但是随着氧的消耗,反应受到限制,反应速度迅速下降,进而会观察不到发光及发热的现象。

二、燃烧理论

1.碰撞理论

分子碰撞理论认为燃烧反应是由可燃物和助燃物的两种气体分子互相碰撞而引起的。众所周知,气体分子都是处于快速运动的状态中,并且不断地彼此互相碰撞。当两个分子发生碰撞时,即有可能发生化学反应。假设:两类不同性质的分子 A 和 B 在一个反应体系中发生碰撞。分子 A 的摩尔浓度为 C_A,分子 B 的摩尔浓度为 C_B。则单位时间和单位体积内,分子 A 与 B 的碰撞次数可通过下式计算:

$$Z_{AB} = \pi N_A \left(\frac{d_A + d_B}{2}\right)^2 v_{AB} C_A C_B$$

式中：Z_{AB}——分子碰撞数①（频率），单位 $m^{-3} \cdot s^{-1}$；

N_A——阿伏伽德罗常数，$N_A = 6.022 \times 10^{23}$；

d_A、d_B——A、B 两类物质的分子直径；

ν_{AB}——分子 A、B 的平均相对速率，根据分子运动理论：$\nu_{AB} = \sqrt{\dfrac{8k_B T}{\pi \mu}}$ 可得，其中 K_B——波尔兹曼常数，$K_B = 1.381 \times 10^{-23}$ J/K；μ——为 A、B 两类物质分子的折合质量，$\mu = \dfrac{m_A m_B}{m_A + m_B}$，$m_A$ 与 m_B 分别为分子 A 与分子 B 的质量；

T——热力学温标，$T = 273.15 + t$，t 为摄氏温度；

C_A，C_B——A 和 B 的摩尔浓度。

通过对上述各式的整理，可以得出，分子碰撞数的最终表达式为：

$$Z_{AB} = \left(\dfrac{d_A + d_B}{2}\right)^2 \sqrt{\dfrac{8\pi K_B T}{\mu}} C_A C_B$$

分子间发生化学反应的必要条件是互相碰撞，并破坏原有的化学键；进而形成新的化学键，生成新物质。实际上，只有少数具有一定能量的分子互相碰撞才会发生反应导致分子中的原子重构，即发生化学反应。这少数分子称为活化分子。活化分子的能量要比分子平均能量超出一定值。这超出分子平均能量的定值称为活化能。

活化能被定义为"某化学反应发生所需要克服的能量障碍"。活化能实际就是化学反应发生所需要的最小能量。反应的活化能通常表示为 E_a，单位是：千焦每摩尔（kJ/mol）。

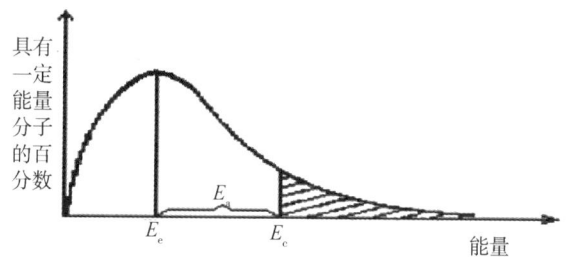

图 2-1-1　分子能量分布图

E_c—活化分子所有的最低能量；E_e—所有分子的平均能量；E_a—活化能

2. 热自燃理论

所谓热自燃理论，又称热爆炸理论，是关于化学反应系统产生热量的速度大于系统自身散热速度，而导致的系统"自动"点火理论。

如果将某体积为 V，表面积为 S，充满均匀可燃气体混合物的容器，看作一个反应系统。系统中的可燃气体浓度为 Y，环境的温度为 T_0。容器内可燃气体混合物以速度 ω 进行反应，反应的温度为 T。化学反应所放出的热量部分加热可燃气体，使系统温度升高；另一部分，则通过容器壁传给周围环境。于是系统的能量守恒方程可写为：

$$\rho_\infty C_P \dfrac{dT}{dt} = \Delta H \omega - \dfrac{hS}{V}(T - T_0) = q_g - q_l$$

---

① 单位时间、单位体积内分子 A 与 B 的碰撞次数。

式中：ΔH—— 反应的热效应；
　　　h—— 传热系数；
　　　q_g—— 容器中单位体积混合气在单位时间内反应放出的热量，称为放热速度（或放热速率）；
　　　q_1—— 单位时间内按单位体积平均的混合气向外界环境散发的热量，称为散热速度（或散热速率）。

根据活化能理论，上述反应的速度近似地用下式表示：

$$\omega = K \cdot C^n$$

式中：C—— 反应物的浓度，单位为 $\mathrm{mol/m^3}$；
　　　n—— 反应级数①；
　　　K—— 反应速度常数，单位为 $\mathrm{mol/m^3 \cdot s}$。

对高温反应来说，速度常数近似地可用阿伦尼乌斯（Arrhenius）方程表达：

$$K = A \cdot e^{-E/RT}$$

式中：A—— 指数前因子，单位为 $\mathrm{m^3/(mol \cdot s)}$；
　　　E—— 活化能；
　　　R—— 摩尔气体常数；
　　　T—— 气体热力学温度，单位为 K。

结合上述各式，得：

$$q_g = A \cdot e^{-E/RT} \cdot C^n \cdot \Delta H$$

若把 q_1 和 q_g 与温度的关系作图，对于一个确定的容器来说，q_1 只是一条直线，而 q_g 与反应物浓度有依赖关系。图 2-1-2 中取三种不同原始浓度 $C_1 < C_2 < C_3$ 得出相应的三条曲线。

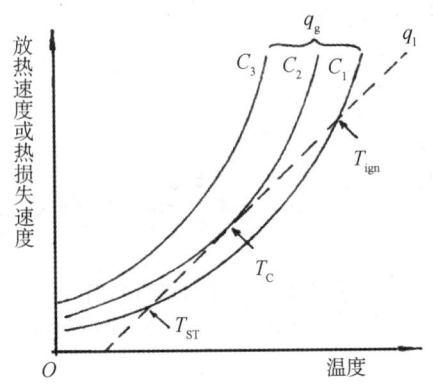

图 2-1-2　放热速度或热损失速度与温度的关系

判断是否发生热爆炸反应的判据是 $q_g > q_1$。

（1）对于 C_3 曲线，该曲线满足判据要求，在任何温度，系统放热都大于散热，结果是系统温度增高，发生爆炸。

（2）对于 C_1 曲线，该曲线 q_1 与直线有两个交点，分别为 T_{ST} 和 T_{ign}。当温度高于 T_{ign} 时，系统温度会持续增高，结果发生爆炸。当温度低于 T_{ST}，系统的放热反应速度只能增加到 T_{ST}，在此温度下，系统维持放热和散热速度相等，系统保持稳定。当温度介于 T_{ST} 和 T_{ign} 之间时，系统

---

① 化学反应的反应级数由反应机理和计算确定。对于特定的化学反应，反应级数为速率方程中各浓度项的幂次之和。

温度会维持在 T_{ST}。此时系统不会自燃。

(3) 对于 C_2 曲线，出现一个临界状态 T_C。这说明在 C_2 浓度下，T_C 是系统的临界值，当温度到达 T_C 时，系统开始自燃。

3. 链式反应理论

现代消防理论认为燃烧是一种自由基的链式反应，即在瞬间进行的循环连续反应。这就是燃烧的链式反应理论。链式反应理论认为链式反应包括直链反应和支链反应两种类型。

(1) 直链反应

直链反应的最早研究对象就是氢和氯的反应。直链反应的模式如下所示：

$$Cl_2 \rightarrow Cl^* + Cl^* \quad （链引发）$$
$$Cl^* + H_2 \rightarrow HCl + H^* \quad （链传递）$$
$$H^* + Cl_2 \rightarrow HCl + Cl^* \quad （链传递）$$
$$2Cl^* \rightarrow Cl_2 \quad （链终止）$$

总结上述反应：在链传递过程中每消耗一个自由基的同时，又生成一个新自由基，直至链终止。直链反应过程中，自由基的数量保持不变。

(2) 支链反应

如果一个自由基在链传递过程中，生成产物的同时产生两个或两个以上的自由基，进而形成两个或两个以上反应进程，这就是支链反应。支链反应过程中，自由基的数目在反应过程中随时间的增加而增加，因此反应速率是加速的。

$$H_2 + M \rightarrow 2H^* + M \quad 链引发$$

$$\left. \begin{array}{l} OH^* + H_2 \rightarrow H_2O + H^* \\ H^* + O_2 \rightarrow H^* + OH^* \\ O^* + H_2 \rightarrow H^* + OH^* \end{array} \right\} \quad 链的支化$$

$$\left. \begin{array}{l} 2H^* \rightarrow H_2 （气相销毁）\\ OH^* \rightarrow （器壁销毁） \end{array} \right\} \quad 链的终止$$

支链反应的反应原理，如图 2-1-3 所示。

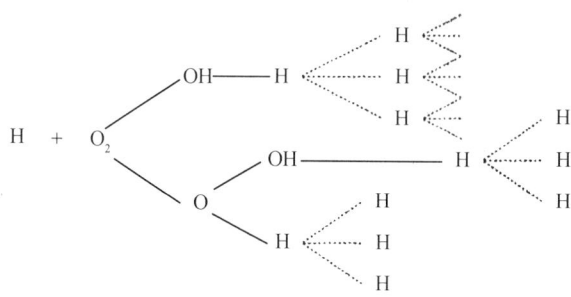

图 2-1-3 支链反应的反应原理图

下面就把上面的氢氧反应过程进行简化分析，以揭示支链反应的规律。

在链引发过程中，由于引发因素的作用，反应分子会分解成活性基团。活性基团的生成速度用 W_1 所表示，由于引发过程是个困难过程，故一般 W_1 比较小。

在链传递过程中，由于支链反应的分支影响，活性基团数目将增加。活性基团浓度 n 越大，发生反应的机会也会越多，可认为 W_2 正比于 n，并写成 $W_2 = fn$。f 为分支链生成自由基的反应速度常数。由于分支过程是由稳定分子分解成自由基的过程,需要吸收能量,因此温度的影响很大。温度升高,f 增大。

在链终止过程中,自由基与器壁相碰撞或者自由基之间相复合而失去能量,变成稳定分子,自由基本身随之销毁。设自由基销毁速度为 W_3。自由基浓度 n 越大,碰撞机会越多,销毁速度越大,即正比于 n,写成等式为 $W_3 = gn$。g 为链终止反应速度常数。由于链终止反应是复合反应,不需要吸收能量(实际上是放出较小的能量),在着火条件下,g 与 f 相比,g 较小。因此可认为温度对 g 的影响较小,将 g 近似看作与温度无关。

整个支链反应中,活性基团数目随时间的变化率可以写为:

$$\frac{dn}{dt} = W_1 + W_2 - W_3 = W_1 + (f - g)n$$

根据上式可以看出,随着温度的增加,W_2 会随之增加;当温度升高到一定数值时,$f - g > 0$,活性基团的数目会随时间的增加而增加,从而使系统温度逐渐上升,最终着火。$f - g = 0$ 是着火的临界条件。$f - g < 0$ 时,系统不会着火。

碰撞理论、热自燃理论、链式反应理论,可以帮助我们从微观上掌握反应的原理、认识燃烧的本质。这也有助于大家在将来的实践中把燃烧原理与防火、灭火、消防管理相结合,实现理论与实践的统一。

第二节 燃烧和爆炸产物温度的计算

可燃物发生燃烧反应的一个重要特征是放出热量。根据可燃物的发热量(多少、放热的快慢)预测燃烧后果,包括可燃物发生燃烧(爆炸)时所能达到的最高温度、最高压力等数据。这对于火灾风险评估和后续的火灾调查分析具有重要意义。

一、生成热

化学反应中由稳定单质反应生成某化合物时的反应热,称为该化合物的生成热。在标准大气压(0.101 3 MPa)和指定温度下(一般选择 298 K),由稳定单质生成 1 mol 某化合物的恒压反应热,称为该物质的标准生成热(标准生成焓),用 $\Delta H_{f,298}^{\ominus}$ 表示。其上标 $\ominus$ 表示 1 个大气压的标准压力,下标"298"代表标准温度。表 2-2-1 列出了常见物质化学反应的标准生成热。

表 2-2-1 常见物质化学反应的标准生成热

物质名称	$\Delta H_{f,298}^{\ominus}$ (kJ/mol)	物质名称	$\Delta H_{f,298}^{\ominus}$ (kJ/mol)
碳(石墨)	0	甲烷(气)	-74.85
碳(钻石)	1.897	乙烷(气)	-84.68
氢	0	丙烷(气)	-103.85
氧	0	二氧化碳(气)	-393.51
氮	0	一氧化碳(气)	-110.54
水(液)	-285.85	水(气)	-241.84

二、燃烧热

燃烧热[①]体现了在等温、等压的燃烧(含爆炸)过程中释出的热量;在此过程中,可燃物的化学能转变为热能。需要说明的是,燃烧热是燃烧反应中可燃物与助燃物作用生成稳定产物时的反应热。

在标准大气压(0.101 3 MPa)和指定温度下(一般为 25 ℃),1 mol 某物质完全燃烧时生成稳定氧化物的定压反应热,称为该物质的标准燃烧热,用 $\Delta H_{c,298}^{\ominus}$ 表示。表 2-2-2 列出了常见物质的标准燃烧热(产物)。

表 2-2-2 常见物质的标准燃烧热(产物)

物质名称	$\Delta H_{c,298}^{\ominus}$ (kJ/mol)	物质名称	$\Delta H_{c,298}^{\ominus}$ (kJ/mol)
碳(石墨)	-392.88	甲烷(气)	-881.99
氢	-285.77	乙烷(气)	-1 541.39
一氧化碳(气)	-282.84	丙烷(气)	-2 201.6
乙炔(气)	-1 299.6	丁烷(气)	-2 870.64
乙烯(气)	-1 411.26	苯(液)	-3 273.14

在计算物质的燃烧热时,会用到盖斯定律。盖斯定律认为,如果某个化学反应为多个反应的合成时,其反应热为这几个反应的反应热的代数和。换句话讲,如果条件不变的情况下,化学反应的热效应只与化学反应的起始和终了状态有关,与变化途径无关。

$$Q_P = \Delta H = \left(\sum V_i \Delta H_{f,m,i}^{\ominus}\right)_{生成物} - \left(\sum V_j \Delta H_{f,m,j}^{\ominus}\right)_{反应物}$$

式中:V_i——i 组分在反应式中的系数;

V_j——j 组分在反应式中的系数。

热值是燃烧热的另一种表示形式。对于某些可燃物燃烧放出的热量,既可用燃烧热表示,也可用热值表示。热值反映了可燃物的燃烧特性;可燃物的热值越高,燃烧时火势越猛,温度越高,辐射出的热量也越多。

单位体积或单位质量的可燃物完全燃烧时产生的热量,称为该可燃物的燃烧热值。热值通常用 Q 来表示。对于液态和固态可燃物,用质量热值 Q_m(kJ/kg)来表示;对于气态可燃物,用体积热值 Q_V(kJ/m³)来表示。热值可以由实验室测定或者由燃料分析结果计算。

热值有高位热值(higher calorific value)和低位热值(lower calorific value)之分。高位热值(Q_H)是指可燃物中的氧和氢燃烧生成的水以液态形式存在时的热值;而低位热值(Q_L)是指可燃物中氧和氢燃烧生成的水以气态形式存在时的热值。一般研究中常采用低位热值,特别是火灾反应中,水很难以液态的形式存在。

燃烧热与热值之间存在一定的换算关系。

对于液态和固态可燃物,燃烧热 Q_m(单位:kJ/kg)与高位热值之间的换算关系为:

$$Q_m = \frac{1\ 000 \times \Delta H_c}{M}$$

[①]《燃烧学》中,燃烧热也被称为燃烧焓。

式中：M——液态或固态可燃物的摩尔质量。

对于气态可燃物，燃烧热 Q_v（单位：kJ/m^3）与高位热值之间的换算关系为：

$$Q_v = \frac{1\,000 \times \Delta H_c}{22.4}$$

对于某些分子结构很复杂，摩尔质量很难确定的可燃物，如石油、煤炭、木材等，计算其热值时一般采用门捷列夫经验公式计算：

$$Q_H = 4.18 \times [81 \times C + 300 \times H - 26 \times (O - S)]$$
$$Q_L = Q_H - 6 \times (9H + W) \times 4.18$$

式中：C、H、S 和 W——可燃物中碳、氢、硫和水的质量分数（%）；

O——可燃物中氧和氮的总质量分数（%）。

另外，工程上也可以根据"每燃烧 1 kg 氧气将会产生 13.1 MJ 的热量"反向推算可燃物的热值。

三、燃烧产物温度的计算

火焰是燃烧进行的最明显标志。气体燃烧一定存在火焰，液体燃烧实质是液体蒸发出的蒸气在燃烧，也存在火焰，固体燃烧如果有挥发性的热解产物产生，这些热解产物燃烧时同样存在火焰，例如木材；同时木炭、焦炭等可燃固体燃烧时，无热解产物，所以上述的固体燃烧没有火焰，只有发光的现象，这种燃烧叫作无焰燃烧。

从日常经验可以知道，火焰是有温度的。火焰温度，指的是在绝热条件下，可燃物与氧化剂的量处于化学当量比①，且发生完全燃烧时，火焰面所能达到的最高温度，如表 2-2-3 所示为部分可燃物在空气中充分燃烧时的火焰温度。

火焰温度的高低主要与可燃物的着火特性、热值有关。

表 2-2-3　部分可燃物在空气中充分燃烧时的火焰温度

物质名称	火焰温度/℃	物质名称	火焰温度/℃
甲烷	1 800	原油	1 100
乙烷	1 895	重油	1 000
天然气	2 020	石油气	2 120
乙炔	2 127	一氧化碳	1 680
氢气	2 130	煤气	1 600~1 850
汽油	1 200	乙醇	1 180
煤油	700~1 030	木材	100~1 177

燃烧温度指的是气相燃烧产物（烟气）的平均温度。由于火焰是存在于一定空间内的，因而在大多数情况下燃烧温度要低于火焰温度。

燃烧温度还与可燃物的浓度和氧化剂的掺混状况及散热条件等有关。计算燃烧温度首先需要对燃烧过程中的空气需要量进行计算。

---

① 化学当量比，是理论上可燃物与助燃物发生完全燃烧反应的量比关系。

1. 燃烧时空气需要量计算

理论空气需要量,指的是在标准情况下,完全燃烧单位质量或单位体积的可燃物所需的最小空气量。

可燃物包括有机可燃烧物和无机可燃物。多数无机可燃物需要在纯氧情况下才会发生燃烧,所以,在此只讨论有机可燃物的燃烧情况。可燃固体、液体完全燃烧所需的理论空气需要量可通过碳、氢等物质反应方程,推出一般有机可燃物的反应规律。

首先,以碳为例,讨论可燃物在空气中的燃烧情况:

$$C + O_2 + 3.76 N_2 \longrightarrow CO_2 + 3.76 N_2$$
$$2C + O_2 + 3.76 N_2 \longrightarrow 2CO + 3.76 N_2$$

再以氢为例,讨论可燃物在空气中的燃烧情况:

$$H_2 + \frac{1}{2}O_2 + \frac{3.76}{2}N_2 \longrightarrow H_2O + \frac{3.76}{2}N_2$$

通过碳和氢的反应方程,可以得出结论:若碳、氢两种物质组成的可燃物,其结构可以写成 C_nH_m。其在空气中燃烧的总体反应方程为:

$$C_nH_m + \left(n + \frac{m}{4}\right)O_2 + 3.76\left(n + \frac{m}{4}\right)N_2 \longrightarrow n\,CO_2 + \frac{m}{2}H_2O + 3.76\left(n + \frac{m}{4}\right)N_2$$

由以上讨论,可以推出:某种可燃物的元素组成,根据化学反应前后的物质平衡关系,则可得到单位质量的该可燃物发生化学当量比燃烧所需的空气体积。例如,1 kmol 的 C 完全燃烧需要 1 kmol O_2,同时生成 1 kmol 的 CO_2。而 1 kmol C 的质量为 12 kg,故 1 kg 的 C 完全燃烧就需要 1/12 kmol 的 O_2。对于 1 kg 的 H 和 S,可类似求出它们完全燃烧所需的理论 O_2 量分别为 1/4 kmol 和 1/32 kmol。

考虑到可燃物本身还含有 $(1/32) \times (O/100)$ kmol 的 O_2,在计算 O_2 需要量时应当把这部分 O_2 的含量扣除。于是,1 kg 可燃物完全燃烧所需要 O_2 量(kmol 数)为:

$$V_O^0 = \frac{1}{12} \times \frac{C}{100} + \frac{1}{4} \times \frac{H}{100} + \frac{1}{32} \times \frac{S}{100} - \frac{1}{32} \times \frac{O}{100}$$

式中,C、S、H、O 分别为该可燃物所含的碳、硫、氢、氧等元素的百分比。

由于 1 kmol 的 O_2 重 32 kg,而 O_2 在空气中所占的质量分数(百分比)为 23.2%。故燃烧 1 kg 可燃物所需要的理论空气量(质量)为:

$$L_O = \frac{V_O^0 \times 32}{0.232} = 0.115C + 0.342H + 0.043S - 0.043O = 0.115C + 0.375S + 0.342H - 0.043O$$

式中,L_O 为相应空气的质量(kg/m^3)。

上式除以空气的密度 $\rho = 1.293$ kg/m^2 便可得到用体积表示的理论空气量,即:

$$V_O = \frac{1}{1.293}L_O = 0.088\,9C + 0.375S + 0.266\left(H - \frac{O}{8}\right)$$

2. 可燃气体燃烧的理论空气需要量计算

按照类似的分析,可燃气体发生化学当量比燃烧所需的空气量(体积):

$$V_O = \frac{1}{0.21}\left[0.5CO + 0.5H_2 + 1.5H_2S + \sum\left(n + \frac{m}{4}\right) \times C_nH_m - O_2\right]$$

燃烧反应过程中,实际供应的空气量往往不等于需要的理论空气量,实际供给的空气量与燃烧所需要的空气量的比值称为过量空气系数,一般用 α 来表示,即:

$$\alpha = \frac{V_{s,air}}{V_{o,air}}$$

式中：$V_{s,air}$ ——为实际空气供应量；

$V_{o,air}$ ——为理论空气需要量。

当 $\alpha=1$ 时，表示实际空气供应量等于理论空气需要量，此时的燃料与空气量之比为化学当量比；当 $\alpha>1$ 时，表示实际空气供应量多于理论需要；当 $\alpha<1$ 时，表示实际空气供应量小于理论空气需要量，此时燃烧不完全，燃料浪费，造成事故。实际上，α 的值一般为 1~2。各态物质完全燃烧时的经验值为：气态可燃物为 1.02~1.2；液态为 1.1~1.3；固态为 1.3~1.7。

3. 燃烧产物的计算

假设燃烧反应为完全燃烧，则有机可燃物的燃烧产物为 CO_2、H_2O、SO_2 和 N_2。如果空气的过量系数大于1，则产物中还有部分氧气；反之，则不存在氧气。根据方程式进行产物计算的结果，被称为理论燃烧产物量，用 $V_{o,p}$ 表示。

$$V_{o,p} = V_{o,CO_2} + V_{o,SO_2} + V_{o,H_2O} + V_{o,N_2}$$

依照空气需要量的分析过程，可以得出结论：1 kg 的 C 完全燃烧可生成 1/12 kmol 的 CO_2，于是燃烧 1 kg 可燃物产生的 CO_2 为 $\frac{1}{12} \times \frac{C}{100}$ kmol。在标准状态下，1 kmol 气体的体积为 22.4 m^3，因而，这些 CO_2 的体积为：

$$V_{o,CO_2} = \frac{22.4}{12} \times \frac{C}{100}$$

完全燃烧 1 kg 的 S 产生 1/32 kmol 的 SO_2，则消耗 1 kg 燃料，烟气中的 SO_2 的体积为：

$$V_{o,SO_2} = \frac{22.4}{32} \times \frac{S}{100}$$

燃烧产物中的水分仅包括可燃物中的氢完全燃烧所产生的水分和可燃物中含的水分，于是：

$$V_{o,H_2O} = \frac{22.4}{2} \times \frac{H}{100} + \frac{22.4}{18} \times \frac{W}{100}$$

燃烧产物中的 N_2 包括燃料含有的氮组分所生成的 N_2 和由助燃空气所带入的 N_2 两部分，即：

$$V_{o,N_2} = \frac{22.4}{28} \times \frac{N}{100} + 0.79 \times V_o$$

4. 理论发热温度

(1) 理论发热温度分析

在燃烧过程中，热量的来源有可燃物的化学能及可燃物和空气的显焓。这些热量主要用于以下几方面：①加热气相燃烧产物；②传给周围的介质而造成热损失；③若系统对外做功将会消耗一部分能量；④某些燃烧产物在高温下分解所吸收的热量；⑤反应中可能存在不完全燃烧，从而造成化学能未能充分释放。这样燃烧前后的热平衡关系可写为：

$$Q_{DW} + I_r + I_k = Q_{lj} + Q_{sr} + Q_{wr} + I_{yq} + A_w$$

式中：Q_{DW} ——可燃物的低位热值；

I_r 和 I_k 分别为可燃物及供燃烧用空气在参与反应时的热焓；

Q_{lj} ——某些燃烧产物离解所吸收的热量；

Q_{sr}——燃烧过程中向周围介质散发的热量；

Q_{wr}——不完全燃烧所造成的热量损失；

I_{yq}——烟气在燃烧温度时所具有的热焓；

A_w——系统对外界所做的功。

于是，可燃物的实际燃烧温度可写为：

$$T_{yq} = \frac{(Q_{DW} + I_r + I_k) - (Q_{lj} + Q_{sr} + Q_{wr} + A_w)}{V_{yq} C_{yq}}$$

式中，C_{yq} 为烟气的体积比定容热容，其值取决于烟气的组成；V_{yq} 为烟气体积。

然而，要准确求得系统的散热损失 Q_{sr} 是不可能的。若假设燃烧在绝热情况下进行，可认为 $Q_{sr}=0$。如果还不考虑系统与外界的功的交换，并认为燃烧是完全的，即 $A_w=0$ 与 $Q_{wr}=0$，则该式可简化为：

$$T_{yq}^0 = \frac{Q_{DW} + I_r + I_k - Q_{lj}}{V_{yq} C_{yq}}$$

经上式计算出的温度通常称为可燃物的理论燃烧温度。如果再不考虑燃烧产物的热解，则可进一步得到：

$$T_{yq}^0 = \frac{Q_{DW} + I_r + I_k}{V_{yq} C_{yq}}$$

这样计算出的温度称为量热计燃烧温度。如果燃烧是在 $\alpha=1$ 的完全燃烧情况下进行的，并认为可燃物和空气的初始温度都为 0 ℃，则：

$$T_{yp} = \frac{Q_{DW}}{V_{0,yq} C_{yq}}$$

这样计算出的温度称为可燃物的理论发热温度。此温度只与可燃物的化学组成有关，而与燃烧条件无关。可认为该温度为可燃物燃烧所能达到的温度上限。

从理论上说，在 $\alpha=1$ 且完全燃烧情况下，燃烧温度最高。当 $\alpha<1$ 时，由于燃烧不完全，可使可燃物的化学能不能充分放出，从而使燃烧温度降低；当 $\alpha>1$ 时，由于供给燃烧反应的空气量过多，使总的烟气量增大，也会使燃烧温度降低。

（2）理论发热温度计算

①假设可燃物的理论发热温度为 T'，由气体的平均比定压热容表（见表 2-2-4）查出该温度下烟气中各组分气体的平均比热容并运用上式计算该温度下燃烧产物的热焓 I'。

表 2-2-4　各种气体的比定压热容表

温度 T(K)	C_{PCO_2} kJ·Nm^{-3}·K^{-1}	C_{PN_2} kJ·Nm^{-3}·K^{-1}	C_{PO_2} kJ·Nm^{-3}·K^{-1}	C_{PH_2O} kJ·Nm^{-3}·K^{-1}	$C_{空气}$ kJ·Nm^{-3}·K^{-1}
973	2.088 4	1.353 6	1.434 4	1.691 2	1.370 8
1 073	2.131 1	1.367 0	1.449 9	1.668 0	1.184 2
1 173	2.169 2	1.379 6	1.464 5	1.695 7	1.197 6
1 273	2.203 5	1.391 7	1.477 5	1.722 9	1.409 7
1 373	2.234 9	1.403 4	1.489 2	1.750 1	1.421 4
1 473	2.263 8	1.414 3	1.500 5	1.776 9	1.432 7

续表

温度 $T(K)$	C_{PCO_2} kJ·Nm^{-3}·K^{-1}	C_{PN_2} kJ·Nm^{-3}·K^{-1}	C_{PO_2} kJ·Nm^{-3}·K^{-1}	C_{PH_2O} kJ·Nm^{-3}·K^{-1}	$C_{空气}$ kJ·Nm^{-3}·K^{-1}
1 573	2.289 8	1.425 2	1.510 6	1.802 8	1.443 2
1 673	2.313 6	1.434 8	1.520 2	1.828 0	1.452 8
1 773	2.335 4	1.444	1.529 4	1.852 7	1.462 0
1 873	2.355 5	1.452 8	1.537 8	1.876 1	1.470 8
1 973	2.387	1.458	1.546	1.900	1.480
2 073	2.391 5	1.468 7	1.554 1	1.921 3	1.486 7
2 173	2.407 4	1.475 8	1.561 7	1.942 3	1.491 9
2 273	2.422 1	1.482 5	1.569 2	1.962 8	1.501 0
2 373	2.435 9	1.489 2	1.575 9	1.982 4	1.507 2
2 473	2.448 4	1.495 1	1.583 0	2.005 0	1.513 5
2 573	2.460 2	1.501 0	1.589 7	2.018 9	1.519 4

②再假设该温度为 T''，按第 1 项所述的步骤又可算出 I''，I'' 也未必等于 I_{yq}^0，比如说 $I''>I_{yq}^0$，如图 2-2-1 所示。

③根据上述数值内插计算，可得：

$$\frac{I'' - I'}{I_{yq}^0 - I'} \approx \frac{T'' - T'}{T_{yq}^f - T'}$$

所以：

$$T_{yq} = \frac{(T'' - T')(I_{yq}^0 - I')}{I'' - I'} + T'$$

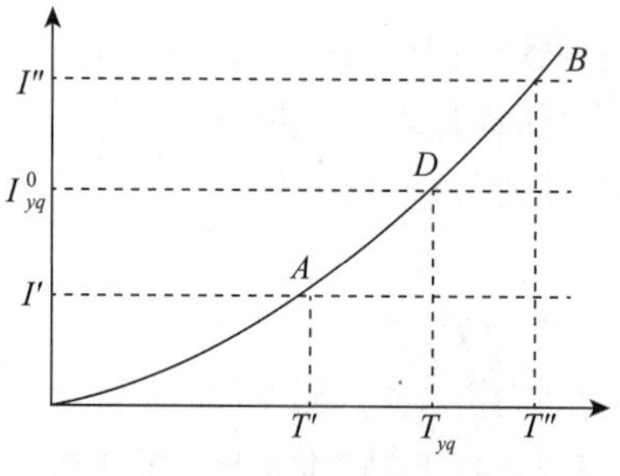

图 2-2-1　燃烧温度计算原理图

由于实际燃烧过程热损失和不完全燃烧程度均难以精确计算，因此计算实际燃烧温度时通常以理论发热温度乘上一个经验系数而得到，即：

$$T_{yq} = \varphi T_{yq}^f$$

式中，φ 为燃烧温度的修正系数，一般为 0.6~0.9。

四、爆炸产物温度的计算

爆炸温度与燃烧温度的实质是相同的。但燃烧反应的速度要慢于爆炸的反应速度，因此可以认为爆炸是在绝热的条件下进行的,反应产生的热量可近似地认为全部用于提高反应产物的温度。爆炸反应的温度可根据产物的平均比定容热容计算。

如果爆炸过程为定容绝热过程,则爆炸产物的比定容热容是温度的函数,据此可构建 C_v 表达式为:

$$C_v = a + bT$$

式中,a,b 为常数。

典型爆炸产物的平均摩尔比定容热容的变化情况见表 2-2-5。这样,爆炸产物所有的热量为:

$$Q_v = C_v T = (a + bT) T$$

解上述方程,可得:$T = \dfrac{-a + \sqrt{a^2 + 4bQ}}{2b}$

式中:T——爆炸温度(℃);

Q——爆炸物的燃烧热(J/mol);

C_v——每摩尔爆炸产物的比定容热容[J/(mol·℃)]。

表 2-2-5　爆炸产物的平均摩尔比定容热容

气体	热容/[4 186.8 J/(kmol·℃)]
单原子气体(Ar、He、金属蒸气等)	4.93
双原子气体(N_2、O_2、H_2、CO、NO 等)	4.80+0.000 45T
CO_2、SO_2	9.0+0.000 587T
H_2O、H_2S	4.0+0.002 15T
所有四原子气体(NH_3)及其他	10.0+0.000 45T
所有五原子气体(CH_4)及其他	12.00+0.000 45T

注:T 为热力学温标。

第三节　燃烧类型

燃烧是一种现象,但是在发生燃烧的过程中,由于不同的可燃物、不同的氧含量、不同的燃烧空间等不同条件,其又有不同的燃烧表现。

燃烧类型是指具有共同特征但表现形式不同的燃烧现象。根据燃烧表现形式的不同,可以将燃烧分为闪燃、燃烧(着火)、自燃和爆炸四种类型。

一、闪燃

1.闪燃的定义

闪燃是指可燃液体(包括可溶化的少量固体,如:石蜡、樟脑)在一定的条件下,挥发出的蒸气与空气混合后,达到一定浓度时,遇明火产生一闪即灭(5 s 以内)的燃烧,这种现象被称为闪燃。

2.闪燃的产生机理

发生闪燃,是因为在当时的温度条件下,易燃液体蒸发出来的可燃气体的蒸发速度慢,蒸发量较小,其蒸发量仅能维持一刹那的燃烧,而来不及补充新的蒸气来维持稳定的燃烧,所以燃烧一闪即灭。

闪点表示可燃液体发生闪燃现象的最低温度。闪点的测定方法有两种:一种为闭杯闪点测定法,一种为开杯闪点测定法。对于闪点在 150 ℃ 以下的可燃液体用闭杯法测定,闪点在 150 ℃ 以上的则用开杯法测定。部分易燃和可燃液体的闪点如表 2-3-1 所示。

表 2-3-1 部分易燃和可燃液体的闪点

名称	闪点(℃)	名称	闪点(℃)	名称	闪点(℃)
汽油	-50	乙醚	-45	丙酮	-10
煤油	37.8~73.9	乙苯	23.5	氢氰酸	-17.5
柴油	60~110	乙醇	12.78	二硫化碳	-45
原油	-6.7~32.2	乙醛	-17	苯乙烯	38
甲醇	11.1	乙酸	42.9	已烷	-20
苯	-14	甲苯	5.5	丁苯	30.5

3.闪点在消防上的应用

在海上运输过程中,闪点的高低可以作为评价可燃液体火灾危险性的依据。当运输可燃液体的温度高于其闪点时,该可燃液体随时都有被点燃的危险。

(1)闪点是表示可燃液体性质的指标之一。如果热能源的温度低于闪点,液体不会有发生火灾的危险。液体的闪点越低,发生火灾危险的可能性就越大。

(2)闪点是评定可燃液体火灾危险性的重要因素[①]。易燃液体是《国际海运危险货物规则》,简称《国际危规》,中的第三类危险品。

在《国际危规》中,评定易燃液体的危险性有 2 个关键的数据,一个是闪点,另一个是沸点。《国际危规》按照包装要求将可燃液体划分为 3 类:第一类为闪点<23 ℃,沸点小于或等于 35 ℃ 的可燃液体;第二类为闪点<23 ℃,沸点>35 ℃ 的可燃液体,一类和二类都是闪点低于 23 ℃ 的可燃液体;第三类为闪点大于等于 23 ℃ 以及小于等于 60 ℃ 的可燃液体。

当运输可燃液体时,对于给定闪点的易燃液体,应按照其分类进行管理。

二、燃烧(着火)

在一般情况下,可燃物与火源接触后,发生燃烧;移去火源后仍能持续燃烧的现象称为燃烧或着火。

着火点(燃点)是能产生燃烧现象所需要的最低温度。一般的规律是:对于高闪点可燃液体的着火点高于其闪点 5~20 ℃。但闪点在 100 ℃ 以下时,易燃液体的燃点比其闪点高出 1~

[①]美国州际商会把闪点等于或低于 27 ℃ 的液体列为高火险液体。选择 27 ℃ 作为分界点,是因为这个温度代表通常或室内温度的上限,任何液体在此或较低温度闪燃都是危险的。闪点在 27~177 ℃ 表示中度火险,闪点在 177 ℃ 以上只有轻微火险。美国消防协会(NFPA)认为:当液体的闪点低于 93.7 ℃ 时,就可称为易燃液体。

5 ℃,几乎没有区别;而且液体的闪点越低,差别越小。实际上在敞口容器中很难把易燃液体的闪燃和燃烧(着火)区别开。在没有闪点数据的情况下,也可以用着火点表征易燃液体发生火灾的危险程度。

燃点对可燃固体和闪点比较高的可燃液体,具有实际意义。将上述物质的温度控制在燃点以下,是预防该物质发生火灾的有效措施之一。如表 2-3-2 所示。

表 2-3-2 部分可燃物的燃点

名称	燃点(℃)	名称	燃点(℃)
豆油	220	麻绒	150
松节油	53	麻	150~200
石蜡	158~195	木材	250~300
蜡烛	70	布匹	200
樟脑	70	松木	250
纸张	130	聚乙烯	341
棉花	210~255	聚氯乙烯	391

三、自燃

自燃是指可燃物在空气中未接触明火源,在一定条件下自行燃烧的现象。发生自燃现象的最低温度称为自燃点。所以根据点火源的来源不同,将自燃分为:

1.本身自燃(有时也被称为蓄热自燃或自热自燃)

常温下由于可燃物本身内部的生物(植物的有氧呼吸)、物理(吸潮膨胀而产生的热)、化学的作用而产生热,在一定条件下,积热不散,温度升高,达到该物质的自燃点而发生的自行燃烧被称为本身自燃,如表 2-3-3 所示为部分可燃物在空气中的自燃点。能发生本身自燃的物质有:植物、油脂(沾上油脂的棉、麻织物)、煤等。

表 2-3-3 部分可燃物在空气中的自燃点

名称	自燃点(℃)	名称	自燃点(℃)
汽油	415~530	煤油	210
石油	约350	二硫化碳	112
氢	572	木材	250~350
一氧化碳	609	褐煤	250~450
木炭	350~400	乙烷	248
辛烷	218	棉纤维	530
乙炔	305	甲醇	498
苯	580	乙醇	470

2.受热自燃

可燃物在外部热源作用下温度升高,达到其自燃点而自行燃烧称之为受热自燃。可燃物与空气一起被加热时,首先缓慢氧化,氧化反应热使物质温度升高,同时由于散热也有部分热损失。若反应热大于损失热，氧化反应加快，温度继续升高，达到物质的自燃点而自燃。在化工生产中，可燃物由于接触高温热表面、加热或烘烤、撞击或摩擦等，均有可能导致自燃。如图2-3-1所示，是货舱里的松木受到500 W照明灯的照射后，发生自燃的试验。

在运输易燃货物时，应该经常测量舱温，以保证舱温低于所运输货物的安全运输要求；同时在积载此类货物时，应对此类货物采取与热源隔离、妥善包装、防止潮湿、良好通风等措施。

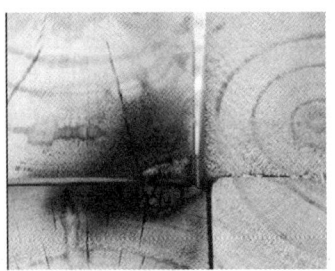

图 2-3-1　物质的受热自燃

四、爆炸

爆炸是物质从一种状态迅速转变成另一种状态，并在瞬间放出大量能量，同时产生声响的现象。

1.爆炸分类

爆炸不只是一个简单狭义的化学概念。爆炸还包括了"核爆炸、物理爆炸、化学爆炸"。

核爆炸：由于原子核裂变或核聚变引起的爆炸叫作核爆炸，如原子弹、氢弹的爆炸就属于核爆炸。

物理爆炸：物质因状态或压力发生突变而形成的爆炸叫物理爆炸。例如，蒸汽锅炉、压缩气体、液化气体钢瓶过压等引起的爆炸，都属于物理爆炸。物质的化学成分和化学性质在物理爆炸后均不发生变化。

化学爆炸：由于爆炸性物质本身发生了急剧的化学变化，生成了大量气体和较高温度而形成的爆炸叫化学爆炸。例如，炸药、可燃气体、粉尘与空气的混合物发生的爆炸就是化学爆炸。物质的化学成分和化学性质在化学爆炸后均发生了质的变化。

一般爆炸在船舶上是以突发或偶发事故的形式出现的，而且往往伴随着火灾的发生。爆炸所形成的危害性比较严重，损失也较大。

由于物理爆炸和核爆炸的产生机理不同于化学爆炸，所以其防止爆炸产生的方法也不相同。

2.爆炸极限

船舶上常见的爆炸形式是气体爆炸①和粉尘②爆炸。

可燃气体（包括蒸气）或可燃性粉尘，与空气按一定比例均匀混合，而后点燃，这时气体或

---

①气体爆炸包括：纯组元气体爆炸（乙炔气体爆炸）和混合气体爆炸（油气）。混合型气体（油气）爆炸较常见。单组分气体比较少见，以乙炔为例说明纯组元气体爆炸的过程。乙炔分解爆炸方程为：$C_2H_2 \rightarrow 2C(固) + H_2 + 226 kJ$ 如果分解反应无热损失，火焰温度可以高达3 100 ℃，非常危险。

②任何可燃物，当其成粉尘形式与空气以适当比例混合时，被热、火花、火焰点燃，都能迅速燃烧并引起严重爆炸。许多粉尘，例如，谷物、面粉、煤的粉尘以及金属粉末都有这方面的危险性。

粉尘的燃烧速度有可能达到爆炸的程度。这时的气体或粉尘与空气的混合物,称为爆炸性混合物。

可燃气体或蒸气与空气的混合物,并不是在任何组成下都可以燃烧或爆炸的。可燃气体、蒸汽、粉尘等与空气混合的混合物,必须在一定的浓度范围内,遇着火源才能发生爆炸,这个浓度的最低值叫作爆炸下限,用 $L_下$ 表示;最高值叫作爆炸上限,用 $L_上$ 表示。爆炸极限一般用可燃气体或蒸气在混合气体中的体积百分数表示,有时也用单位体积可燃气体的质量($kg·m^{-3}$)表示,如表2-3-4所示为在空气中部分可燃气体和蒸气的爆炸极限。

可燃气体或蒸气与空气的混合物,若其浓度在爆炸下限以下或爆炸上限以上,都不会发生爆炸。但过浓时,如果有空气混入,仍有爆炸危险。

表2-3-4 在空气中部分可燃气体和蒸气的爆炸极限

物质名称	爆炸下限(%)	爆炸上限(%)	物质名称	爆炸下限(%)	爆炸上限(%)
氢气	4.0	75.0	乙烯	2.75	34.0
乙炔	2.5	82.0	丙烯	2.0	11.0
甲烷	5.0	15.0	氨	15.0	28.0
乙烷	3.0	12.45	环丙烷	2.4	10.4
丙烷	2.1	9.5	一氧化碳	12.5	74.0
乙醚	1.9	40.0	丁烷	1.5	8.5

3.最小点火能量

每一种气体爆炸混合物都有一个起爆的最小点火能量,低于该能量,混合物就不会爆炸。掌握各种气体混合物爆炸所需要的最小点火能量,对判断哪种火源能引起爆炸危险的场所发生爆炸事故具有重要的意义。

4.影响爆炸极限的因素

同一种可燃气体和液体蒸气的爆炸极限会受温度、压力、氧含量、容器的体积以及热源能量等因素影响。

(1)温度:可燃气体或液体蒸气的初始温度升高,则爆炸下限会降低,上限会升高,爆炸极限将会扩大,爆炸的危险性就会增大,如表2-3-5所示。

表2-3-5 初始温度对混合物爆炸极限的影响

物质	初始温度(℃)	$L_下$(%)	$L_上$(%)
煤气	20	6.0	13.4
	100	5.45	13.5
	200	5.05	13.8
	400	4.0	14.7
	600	3.35	16.4
丙酮	0	4.2	8
	50	4.0	9.8
	100	3.2	10.0

(2) 压力：混合气体在压力条件下的爆炸下限无明显变化，但上限一般都会有明显提高，如表2-3-6所示。当混合气体的原始压力减小时，爆炸极限的范围将缩小，当压力降低到某一数值时，上限和下限会合为一点，压力再降低，就不会发生爆炸。这一最低压力就称为爆炸的临界压力。

表 2-3-6　初始压力对甲烷爆炸极限的影响

物质	初始压力（MPa）	$L_下$（%）	$L_上$（%）
甲烷	0.101 3	5.6	14.3
	1.101 3	5.9	17.2
	5.065	5.4	29.4
	12.66	5.7	45.7

(3) 氧含量：混合气体中的氧含量增加，爆炸极限就会扩大。如掺入氮气或二氧化碳等不燃的惰性气体，混合气体中的氧浓度降低，爆炸的危险性就会降低。油船货舱充灌惰性气体，就是利用此原理防止爆炸的。

(4) 容器的体积：容器的直径越小，火焰在其中的蔓延速度就越慢，爆炸极限范围也越小。燃烧是自由基进行一系列链式反应的结果。只有自由基的产生数大于消失数时，燃烧才能继续进行。随着管道直径的减小，自由基与器壁碰撞的概率增加，有碍于新自由基的产生。当管道直径小到一定程度时，自由基消失数大于产生数，燃烧便不能继续进行。

(5) 热源能量：即点火能量，若火源强度高，热表面积大，且与混合气体接触时间长，就会使爆炸极限扩大，使爆炸危险性增大。热源能量对爆炸极限的影响见表2-3-7。

表 2-3-7　热源能量对爆炸极限的影响

可燃气体	体积分数（%）	能量 $\times 10^6 \mathrm{~J} \cdot \mathrm{mol}^{-1}$	可燃气体	体积分数（%）	能量 $\times 10^6 \mathrm{~J} \cdot \mathrm{mol}^{-1}$
甲烷	8.5	0.280	甲醇	12.24	0.215
乙烷	4.02	0.031	乙醛	7.72	0.376
丁烷	3.42	0.38	苯	2.71	0.550
乙炔	7.73	0.020	甲苯	2.27	2.50

第四节　火灾的蔓延

从船舶建造和运营看，可燃物和助燃物是避免不了要出现在船上的，所以对于船舶而言，基本上无法通过排除可燃物和助燃物从而避免火灾发生。

一、火灾蔓延的原理

火灾蔓延的方式有火焰传播（火焰直接接触可燃物）和热量传播等。

(一) 火焰传播

我们可将火焰定义为传播速度为亚音速的一种缓燃波，该缓燃波依赖燃烧反应维持。实际上,火焰是一层很窄的燃烧反应区域。可燃物的燃烧反应只在该区域内进行。这个反应中火焰传播可以体现在燃烧反应区可向可燃物移动,也可以体现在可燃物被引入反应区里,这就体现了火焰具有自行接触传播的功能。

(二) 热量传播

热量传播有三种方式:热传导、热对流、热辐射。

1.热传导

热量通过直接接触的物体从其温度较高部位传递到温度较低部位的传播方式,叫作热传导。其实质是通过组成物质的分子或原子振动,将热量从高温部分传递到低温部分。在火灾的初期阶段,对火灾蔓延起主要作用的是热传导,也有人将这个阶段称为延烧。

(1)影响热传导的因素

不同物质,其热传导能力不同。固体物质的热传导能力较强,在固体中又以金属的热传导能力最强,其次是液体物质的,气体物质的最弱。一般金属物质较非金属物质的热传导能力强,如钢材的热传导能力是木材的350倍,铝的热传导能力是木材的1 000倍。影响热传导能力的因素有温度差、材料(导热系数)、导热物体的厚度(距离)和截面积、时间长短等。

(2)热传导与火灾的关系

在热量通过导热物体从一处传到另一处的过程中,有可能引起导热物体与其相接触的可燃物燃烧。导热系数大的物体(如金属)更易成为火灾发展蔓延的介质。在火灾扑救中,应对被火灾加热的金属管道等物体进行冷却;清除与被加热金属材料相连的可燃物。或者在船舶建造、运营阶段,应注意用隔热材料将可燃材料与可能被加热的金属物隔开。

2.热对流

热量通过流动介质(液体或气体)将热量由空间中的一处传到另一处的现象叫作对流。在火灾的发展阶段,空气对流起主要作用。

在船舶上对流还可分为自然对流和强制对流。自然对流是由流体各部分的密度不同引起的,如发热设备附近空气受热膨胀向上流动及火灾中热气体(主要是燃烧气态产物)的上升流动,而冷(新鲜)空气则与其做相反方向的流动。强制对流是通过鼓风机、排风机等设备使气体、液体强制对流。发生火灾时(后),如通风机械还在运行,会加速火势的蔓延。

(1)影响热对流的因素

通风孔洞面积和所处的位置(高度)、温度差等都会影响热对流。

(2)热对流与火灾的关系

船舶发生火灾后,烟气流动(对流)的方向通常是火势蔓延的主要方向。一般500 ℃以上热烟所到之处,遇到的可燃物都有可能被引燃起火。热气流密度比冷空气小,故热气流一般多是向上传播,能引起船舶顶部可燃物燃烧;遇到水平天花板时,改为水平方向继续流动,这就形成了烟气的水平扩散。烟气的水平流动就造成火灾从起火房间蔓延至周边的梯道、走廊。对于给定的船舶舱室,舱室上层是高温烟气,而下层是常温空气,形成明显分离的两个层流。实际上,烟气在流动扩散过程中,由于有冷空气掺混及舱壁、顶棚等结构的冷却作用,温度会逐渐下降。逐渐冷却的烟气和冷空气流向燃烧区,会形成室内的自然对流,火则会越烧越旺。

烟气扩散流动速度与烟气温度和流动方向有关。烟气在水平方向的扩散流动速度较小,在火灾初期为0.1~0.3 m/s;在火灾中期为0.5~0.8 m/s。烟气在垂直方向的扩散流动速度较大,通常为1~5 m/s。在船舶的楼梯间或管道竖井中,由于烟囱效应产生的抽力,烟气会上升,流动速度更大,可达6~8 m/s,甚至更大。

烟气流动的驱动力包括室内外温差引起的烟囱效应、外界风的作用、通风空调系统的影响等。新鲜空气通过通风孔、口不断流进燃烧区域,会给火灾供应氧气而使火势持续燃烧。

为了防止火势通过热对流发展蔓延,现场人员必须注意控制失火舱室通风口的开闭状态,并对热气流进行冷却;或将热气流导向没有可燃物或火灾危险较小的方向,防止火灾蔓延。

3. 热辐射

热量以电磁波形式传递的现象,叫作热辐射。这种热射线是肉眼看不见的,但我们可以感受到它的存在及其强度的大小。任何物体(气体、液体、固体)都能把热量以电磁波的形式辐射出去,同时也能吸收别的物体辐射出来的热能。热辐射不需要通过任何介质,通过真空也能辐射。当有两个不同温度的物体并存时,温度较高的物体将向温度较低的物体辐射热能,直到物体温度渐趋平衡。

(1) 影响热辐射的因素

热辐射的热量和火场温度的四次方成正比(即燃烧物温度越高,辐射强度越大)。被辐射物的受热量与放射物的距离的平方成反比(即距离近,受热多;距离远,受热少)。为了减少受到的辐射热量,可增加受辐射物体与辐射源的距离和夹角。

(2) 热辐射与火灾的关系

当火灾处于猛烈燃烧阶段,火场温度较高时,辐射就成为热量传播的主要方式。灭火人员使用水枪灭火时,要选择适当角度接近火场,以减少受到辐射热的影响。灭火时,还可利用移动式屏障或水枪喷射的水幕,遮蔽或减少辐射热。

同时,应对受到辐射热影响的船舶结构进行冷却,降低其温度,以防止火灾蔓延。

二、火灾的发展变化过程

1. 室内火灾的发展变化过程

如图 2-4-1 所示为火灾温度和时间的对应图。

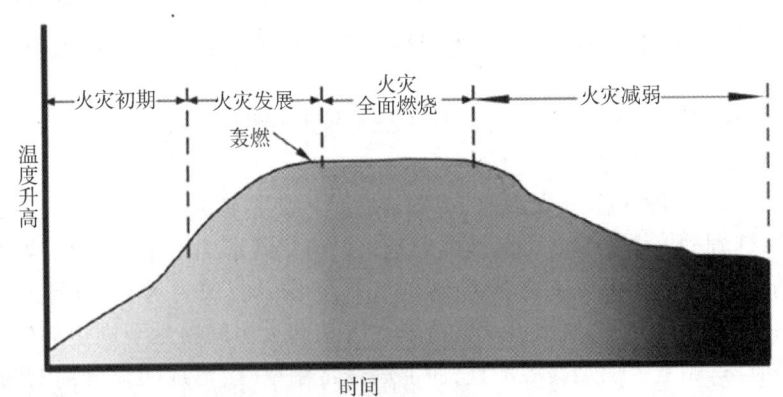

图 2-4-1 火灾温度和时间的对应图

(1) 火灾初期阶段

室内火灾初期时,明火焰的规模和燃烧面积非常小;燃烧仅限于着火点处的可燃物。室内各点的温度不平衡,着火点处的温度较高。此时的燃烧发展不稳定,受到可燃物性能、分布和通风、散热等条件的影响。

随着火灾的发展,燃烧产物中出现水汽、二氧化碳,还产生少量的一氧化碳和其他气体,并伴有热辐射,火焰温度可能在500 ℃以上,室温略有增加。这一阶段火势发展的快慢会随着引起火灾的火源、可燃物特点的不同而呈现不同的趋势。

（2）火灾发展阶段

火灾发展阶段也称为自由燃烧阶段。在此阶段,火场热辐射强度急剧增加,辐射面积增大,燃烧会扩大到整个室内,室内温度逐步上升,物质燃烧生成烟和毒性气体,并随热气流上升到顶部;此阶段不仅火焰向室内辐射热量,火场中的高温烟粒子也向四周辐射热量,这会引起室内可燃物热分解,产生大量可燃气体。此阶段室内的上层气温达400～600 ℃,即会达到发生轰燃的条件。轰燃后,室内火灾会达到全面燃烧阶段。

（3）火灾全面（猛烈）燃烧阶段

轰燃发生后,室内可燃物出现全面燃烧。可燃物热辐射热量的速度急剧增大,室温迅速上升,并出现持续高温。整个火场处于高温状态。火焰包围所有可燃物,燃烧速度最快,环境温度明显上升,温度可达700 ℃以上。之后,火焰和高温烟气在火风压的作用下,从房间的门窗、孔洞等处大量涌出,沿走廊、舱室顶部迅速向水平方向蔓延扩散。同时,由于烟囱效应的作用,火势会通过竖向楼梯及管井空间等向上蔓延。

（4）火灾减弱阶段

随着燃烧的不断进行,可燃物的数量也逐渐减少;如果通风不良,有限空间内氧气被逐渐消耗,则可燃物不再发出火焰,已燃烧的可燃物呈阴燃状态,室内温度会降至500 ℃左右。但是,这样的高温仍能使可燃物分解出较轻的气体,如氢气、甲烷等。这时,如进行不合理的通风,贸然引入较多的新鲜空气,仍有发生爆燃的危险。

2.室外火灾的发展变化过程

室外火灾一般无明显的阶段之分。室外火灾由于氧气充足,起火后很快便会发展到全面猛烈阶段。当可燃物燃尽时,迅速进入减弱阶段。

第五节　火灾的分类及灭火

一、火灾的分类

火灾是在时间或空间上失去控制的燃烧所造成的灾害。也就是说,凡是失去控制并造成了人身和(或)财产损害的燃烧现象,均可称为火灾。

GB/T 4968—2008《火灾分类》根据可燃物的类型和燃烧特性,将火灾分为A、B、C、D、E、F六类。

A类火灾:指普通可燃固体物质着火。如木材、煤、棉、毛、麻、纸张等火灾。

这类火灾中,固体有机物质居多。船上常见的可引起A类火的物质有木材和木制品、纺织品和纤维、塑料和橡胶等。这类火灾的特点是,火不仅在可燃固体表面燃烧,而且能深入可燃固体内部。灭火时,如果只将其表面火焰熄灭,而内部余热未充分处理,并超过该可燃固体的燃点时,火灾还会在一段时间后复燃。

B 类火灾:指可燃液体或可熔化的固体物质着火。如煤油、柴油、原油、甲醇、乙醇、沥青、石蜡等火灾。

这类火灾的特点是,火只限于在燃烧物表面燃烧,但是燃烧时速度很快,温度很高,有爆炸危险。

C 类火灾:指可燃气体失火。如煤气、天然气、甲烷、乙烷、丙烷、氢气等火灾。

这类火灾的特点是燃烧速度更快,温度更高,爆炸危险更大。扑救 C 类火灾较为适宜的灭火剂为干粉。

D 类火灾:指金属火灾。如钾、钠、镁、铝镁合金等火灾。可燃金属燃烧引起的火灾之所以从 A 类火灾中分离出来,单独作为 D 类火灾,是因为这些金属燃烧时,燃烧热很高,为普通燃烧物的 5~20 倍,火焰温度很高,有的甚至达到 3 000 ℃ 以上;并且在高温下金属性质特别活泼,能与水、二氧化碳、氮、卤素及含卤化合物发生化学反应。常用灭火剂对此类火灾完全失去灭火作用,必须使用特殊金属干粉对其灭火。

E 类火灾:带电火灾。物体带电燃烧的火灾。此类火灾并不适合按照燃烧物类别进行相应分类。其灭火的原则是,首先切断电源,断电后的电器火灾可作为 A 类火扑救,如果一时无法断电,应采用不导电的干粉和二氧化碳等灭火剂进行扑救。

F 类火灾:烹饪器具内的烹饪物(如动植物油脂)发生燃烧,被称为 F 类火灾。F 类火灾的实质是食用油发生火灾。

食用油类火灾的特点:

(1)食用油自燃点(温度)较高,一般自燃温度为 350~380 ℃,所以食用油相对比较安全,不易发生火灾。

(2)食用油类火灾易复燃。食用油一旦发生火灾,燃烧速度较其他可燃液体燃烧更快,2 min 后油面温度可达 400 ℃。食用油在温度超过 350 ℃ 会发生化学反应,生成自燃温度为 65 ℃ 的可燃物,大量的试验证明只有温度降低到 33 ℃ 以下时,食用油才不会发生复燃。

二、各类灭火剂的特点及其使用注意事项

在燃烧过程中,能有效地破坏燃烧条件达到中止燃烧目的的物质,称为灭火剂。现在常用的灭火剂有水、泡沫、二氧化碳、化学干粉等。另外,随着《蒙特利尔议定书》的生效,卤代烷灭火剂(如 1211,1301)已经禁止生产和使用。

1.水

水是运用历史最悠久的灭火剂,也是当今仍然应用最广泛的灭火剂。先介绍一下水的灭火原理。

(1)水的灭火原理

①水的冷却作用

冷却是水的主要灭火作用。水的比热容和汽化潜热很大。水的比热容为 4.18 kJ/kg·℃,汽化潜热为 2 259 kJ。若将 1 kg 常温下的水(20 ℃)喷洒到火源处,使水温升至 100 ℃,则能吸收 335 kJ 的热量,若再将其汽化,变成 100 ℃ 的水蒸气,又能吸收 2 259 kJ 的热量。因此当水与炽热的燃烧物接触时,在被加热和汽化的过程中,就会大量吸收燃烧物的热量,迫使燃烧物的温度大大降低而最终停止燃烧。

②水的窒息作用

水遇到炽热的燃烧物后会因汽化产生大量的水蒸气。1 kg 水汽化后可生成 1 700 L 水蒸气。水变成水蒸气后,占据的空间体积急剧增大。大量水蒸气的产生,将排挤和阻止空气进入燃烧区,从而降低了燃烧区内氧气的含量。试验表明,当空气中的水蒸气体积含量达 35% 时,大多数燃烧就会停止。1 kg 水完全变成水蒸气时,其抑燃空间可达 5 m^3,因此水具有良好的窒息灭火作用。

除上述灭火作用外,水对某些可燃固体具有浸润作用;对水溶性可燃液体具有稀释作用,以及对不溶于水的可燃液体具有乳化作用,这也有助于对火灾的扑救。

在船舶消防泵的作用下,直流水枪射出的密集水流,具有强大的冲击力和动能。高压水流强烈地冲击燃烧物和火焰,可以冲散燃烧物,使燃烧强度显著减弱;同时阻断火焰,使之熄灭。

(2)水的适用对象及注意事项

① 对于一般固体物质火灾(A 类火灾),可以直接扑救;如木材、纸张、粮草、棉麻等火灾。由于直流水能够冲击、渗透到可燃物的内部,可用来控制物质的深位(阴燃)火灾。

②对于可燃液体火灾(B 类火灾),用水扑救时应注意:对非水溶性可燃液体火灾,当可燃液体的密度比水大,闪点比较高时,可用水来扑救;对于闪点较低的 B 类火灾,建议用水冷却周边的舱壁和甲板,不宜用水直接扑救。

③对于可燃气体火灾(C 类火灾),不能用普通水流直接扑救,但是可用水从外围冷却周边的舱壁和甲板。对于直径不大的喷射型火场,可以用高压水流阻断可燃气体与火焰的联系,而达到灭火作用。

④对于三酸①(硝酸、硫酸、盐酸)失火,不能用水扑救。

⑤对于金属火灾(D 类火灾),不能用水直接扑救。

⑥没有良好接地设施或没有切断电源的带电设备火灾一般不能用直流水来扑救。

⑦水不能扑救烹饪油火灾(F 类火灾)。

2.二氧化碳

二氧化碳是一种稳定的化合物,是一种本身既不燃烧、也不助燃、无色无嗅的惰性气体。它与空气的密度比约为 1∶1.5,比空气重。二氧化碳灭火时,不腐蚀金属,不损伤机械和货物,对电气绝缘没有破坏作用。一般空气中含有 30%~40% 的二氧化碳气体时,物质就不能燃烧。灭火有效容积为其液态的 1 000~1 300 倍,二氧化碳气体有较强的浸透性和扩散性,充满失火处所时,可以稀释氧气、达到窒息灭火的目的。

二氧化碳灭火剂还有一个特点——易于保存。该特点使得二氧化碳成为广泛使用的灭火剂。当将二氧化碳在常压下降温加压时,二氧化碳就可以成为液体。但在常压下,温度达到 31.2 ℃时,二氧化碳就无法转变成液态了,如表 2-5-1 所示为不同温度下二氧化碳气瓶内的压力以及状态。

表 2-5-1 不同温度下二氧化碳气瓶内的压力以及状态

温度(℃)	0	10	20	30	31.2
压力(MPa)	3.6	4.5	5.7	7.0	气态②

---

①三酸本身不燃烧。但是它们属于强氧化剂,当遇到有机可燃物时会发生燃烧。
②如果温度高于 31.2 ℃,二氧化碳为气态。

(1) 二氧化碳的灭火作用

① 二氧化碳的窒息作用

二氧化碳的主要灭火作用是窒息。当把二氧化碳释放到失火舱室后,会迅速降低燃烧区的氧气浓度(百分比含量)。当燃烧区的氧气浓度低于维持物质燃烧所需的氧气浓度极限时,燃烧就会停止。1 kg 的二氧化碳液体在常温常压下能生成大约 0.56 m^3 的二氧化碳气体。

② 二氧化碳的冷却作用

二氧化碳的另一个灭火作用是冷却作用。当二氧化碳从钢瓶中释放出来时会产生干冰。干冰汽化过程中,需从火焰和周围环境吸热。干冰的温度为 -79 ℃,相变潜热为 577 kJ/kg。由于只有部分灭火剂转变为干冰,加之干冰的相变潜热较小(水的汽化潜热为 2 259 kJ/kg),所以二氧化碳的冷却作用是很小的,在灭火中不起主导作用。

(2) 二氧化碳灭火剂的适用对象

① 二氧化碳仅可用于扑救普通固体的表面火灾;不能扑救固体内部存在阴燃的火灾。

② 对于强氧化剂参与的燃烧,需要慎用二氧化碳灭火剂。

③ 二氧化碳可用以扑救可燃液体火灾。

④ 二氧化碳虽然可用于扑救初期的可燃气体火灾,但是灭火效果较差,故此类火灾一般不用二氧化碳扑救。

⑤ 二氧化碳适用于扑救带电设备的初期火灾。灭火时,二氧化碳不会对火场的环境造成污染,不会腐蚀设备和贵重物品,灭火后不留痕迹,特别适用于扑救那些易受到水、泡沫、干粉等灭火剂损坏的物质火灾。

3. 泡沫

泡沫灭火剂是指凡能够与水混溶,并可通过化学反应或机械方法产生灭火泡沫的灭火药剂。泡沫是一种体积较小,表面被液体所包围的气泡群。

(1) 泡沫的灭火原理

泡沫之所以能够扑救火灾,主要有下面几个原因:

① 泡沫的覆盖隔离作用

泡沫的密度小于一般可燃液体的密度,因而可以漂浮于液体的表面;泡沫又具有一定的黏性,可以黏附于一般可燃固体的表面,所以泡沫可在燃烧物表面形成泡沫覆盖层。覆盖层可隔离空气,阻止燃烧物的蒸发或热解挥发;遮断火焰对燃烧物的热辐射。覆盖隔离是泡沫灭火剂的主要灭火作用。

② 冷却作用

泡沫中含有一定量的水分。这些水分在扑救火灾的过程中会慢慢析出,在一定程度上起到冷却作用。

③ 稀释作用

泡沫中的水分受热汽化后产生的水蒸气可稀释燃烧区内的氧气,降低燃烧区的氧含量,抑制燃烧,从而达到灭火的目的。

(2) 注意事项

使用泡沫灭火剂时,不能同时使用水。

扑救普通固体火灾时,泡沫灭火剂不能扑救固体内部的火灾;扑救固体火灾必须辅以喷水。

(3) 分类方法

按照生成的方式,泡沫可分为化学泡沫和空气泡沫。

①化学泡沫

历史上船舶手提式灭火器曾广泛使用化学泡沫。但是由于化学泡沫的灭火效果较差,所以现在很多船上不再使用。化学泡沫的生成原理为:

$$6NaHCO_3(碱性)+Al_2(SO_4)_3 \longrightarrow 3Na_2SO_4+2Al(OH)_3+6CO_2$$

②空气泡沫

现代船舶上多使用空气泡沫灭火剂。空气泡沫是通过水溶液与空气在泡沫产生器中进行机械混合、搅拌而生成的。泡沫中所包含的气体一般为空气①。由于空气泡沫是靠机械混合作用形成的,所以空气泡沫有时也被称为机械泡沫。

为了能够让大家掌握,我们现在将空气泡沫灭火剂的种类做一介绍。

a.按发泡倍数分类

发泡倍数是指泡沫灭火剂的水溶液变为泡沫后的体积膨胀倍数。通常分为高倍、中倍和低倍泡沫。

低倍数(低膨胀率)泡沫灭火剂的发泡倍数一般在20倍以下;中倍数(中膨胀率)泡沫灭火剂的发泡倍数一般为20~200倍;高倍数(高膨胀率)泡沫灭火剂的发泡倍数一般为200~1 000倍。

b.按用途分类

按照空气泡沫的用途,泡沫灭火剂可分为普通泡沫灭火剂和抗溶性泡沫灭火剂。普通泡沫灭火剂适用于扑救A类火灾和B类火灾中的非可溶性液体火灾;抗溶性泡沫灭火剂适用于扑救A类火灾和B类火灾中的可溶性液体火灾。

c.按其基料类型和用途进行分类

泡沫灭火剂按照基料和用途的不同,可以分为以下类型:

蛋白泡沫。它以动物蛋白类物质或植物蛋白类物质的水解浓缩液为基料,加入稳定剂、防腐剂和防冻剂等辅料加工而成。蛋白泡沫的优点是稳定性好,析液时间长;但流动性差,灭火效率低。蛋白泡沫不能与干粉联用,这是因为干粉中所用的防潮剂(如硬脂酸镁)对泡沫有很大的破坏作用,两者一经接触,泡沫层就会被破坏、消失。

氟蛋白泡沫。氟蛋白泡沫灭火剂是为克服蛋白泡沫灭火剂的缺点而发展起来的含有氟碳表面活性剂的蛋白泡沫液。氟蛋白泡沫灭火剂以蛋白泡沫灭火剂为基料,添加少量的氟碳表面活性剂配制而成。氟蛋白泡沫灭火剂不仅具有蛋白泡沫的大部分特点(如制造工艺简单、成本低、泡沫稳定、对油面的封闭时间长等),而且氟蛋白泡沫易于流动,有良好的自封闭作用,并且泡沫层中析出的液体可在油面形成一个抑制油品蒸发的薄膜,因而控火、灭火迅速。氟蛋白泡沫灭火剂可与普通干粉灭火剂联用。

由于氟碳表面活性剂的加入,改善了蛋白泡沫的流动性、抗油污染性,并且能与干粉灭火剂联合使用。所以氟蛋白泡沫的灭火效率大大优于普通蛋白泡沫。

轻水泡沫。"轻水泡沫"正式名称为"水成膜泡沫";水成膜泡沫也被称为LW(Light Water)。轻水泡沫的优势在于:其表面张力和界面张力显著降低,产生泡沫所需的能量大大减少;流动性好,能够以较薄的泡沫层极快地覆盖油面,而且泡沫层不易被分割破坏,具有极强的自封闭作用;这种灭火剂比氟蛋白泡沫具有更好的流动性、抗油污染性,泡沫和水膜的共同存在(如图2-5-1所示),能迅速抑制燃油蒸气的蒸发,并隔绝空气,迅速灭火。

---

① 大部分船舶高倍泡沫中的气体,除空气外,还包括一些燃烧产生的有毒气体,比如,一氧化碳、二氧化碳。

抗溶性泡沫。用于扑救乙醇、丙酮、醋酸乙酯等一般水溶性可燃液体火灾。对于上述可燃物火灾，如果使用普通蛋白泡沫灭火剂，则泡沫层中的水分会被上述水溶性物质吸收而导致泡沫层的消失。

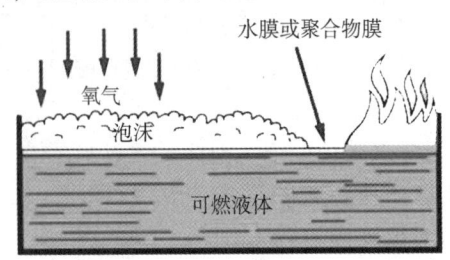

图 2-5-1　泡沫和水膜共起灭火作用

合成泡沫。合成泡沫是由碳氢表面活性剂、发泡剂、稳定剂及防腐剂为基料制成的泡沫灭火剂，在扑救火灾时靠泡沫稀释火灾区域中的氧含量，封闭燃烧物表面，使其与空气隔绝而达到灭火目的。由于表面活性剂的作用，合成泡沫具有表面张力低、疏油性极强等优点。

以上五种泡沫灭火剂，前四种属于低倍数泡沫；合成泡沫主要为中、高倍数泡沫。

4. 干粉

干粉灭火剂一般是由基料和添加剂组成。基料含量一般占总质量的 90% 以上；添加剂是用来改善基料的物理性能的，其含量一般在 10% 以下。干粉灭火剂的基料主要是一些无机盐。不同品种的干粉灭火剂有不同的基料。

（1）干粉的分类

常用的 BC 类干粉灭火剂的基料有碳酸氢钠（钠盐干粉——小苏打干粉）；碳酸氢钾（紫钾干粉）；氯化钾（超级钾盐干粉）；硫酸钾（钾盐干粉）；碳酸氢钠和钾盐（混合型干粉）；尿素和碳酸氢钠（碳酸氢钾）的混合物（毛耐克斯干粉）。常见的 ABC 类干粉灭火剂的基料有磷酸盐；磷酸铵和硫酸铵混合物；聚磷酸铵等。

干粉添加剂包括润滑剂（硬脂酸镁、云母粉、滑石粉等）、少量防潮剂（硅胶）。干粉是一种干燥的、易于流动和飘散的微细固体粉末。其主要起灭火作用的成分是基料。

干粉灭火剂中还有一类，被称为"金属干粉灭火剂"。这类灭火剂可扑救钾、钠、镁、钛、锆、锂、铝镁合金等各种形态的活泼（轻）金属火灾，所以又被称为 D 类干粉灭火剂。由于轻金属的属性不同，D 类干粉灭火剂的成分也具有几种不同的类型，这类干粉灭火剂包括：普通金属干粉灭火剂和特殊金属干粉灭火剂。

普通金属干粉灭火剂一般使用氯化钠基粉末，或者经过钝化处理的石墨基粉末，并用氩气驱动。上述灭火剂可以扑救钾、钠、镁、钛、锆、铝镁合金等活泼（轻）金属引发的火灾。如果是金属粉末发生火灾，可以使用精细铜粉灭火剂扑救。其原理是通过排除氧气来窒息灭火。

特殊金属干粉灭火剂一般被称为 7150 金属干粉。国内的 7150 金属干粉灭火剂是以硼酸三钾酯与硼酐为原料制成的。7150 金属干粉是一种无色透明的液体，其喷射到失火金属上后，马上就会起化学反应，很快耗尽金属表面附近的氧。反应后所形成的硼酐在金属燃烧的温度下熔化成玻璃状的液体，流散在金属表面的缝隙中，可形成硼酐层薄膜。这种薄膜使金属与大气隔绝，窒息燃烧。

（2）干粉的灭火原理

①干粉的遮断热辐射（隔离）作用

由于干粉的密度比较大，在气流的作用下能覆盖到燃烧物体的表面不致被气流冲散。使用干粉灭火时,浓雾一般的干粉与火焰相混合,可以降低残存火焰对燃烧物表面的热辐射。磷酸铵盐等化合物还具有导致碳化的作用。它可使燃烧固体表面碳化,碳化层是热的不良导体,可使燃烧过程暂时变得缓慢,使火焰的温度降低,如图2-5-2所示。

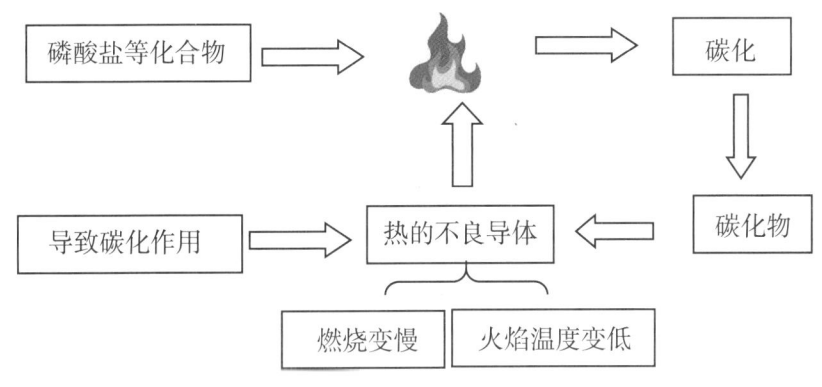

图 2-5-2　磷酸盐类干粉灭火剂的碳化原理

②对火场中的空气稀释

干粉灭火剂的基料在火焰的高温作用下将会发生一系列的分解反应,这些反应一般都为吸热反应,可吸收火焰的部分热量。同时,这些基料分解产生的不活泼气体,如二氧化碳、水蒸气等对区域内的氧气具有稀释作用。

③对燃烧链式反应的抑制(化学抑制)

干粉的主要灭火作用为化学抑制作用。在维持燃烧的链式反应中,关键的自由基是H+、H-,它们具有很高的能量,非常活泼,但寿命却很短,一经生成,立即引发下一步反应,生成更多的自由基,使燃烧过程得以延续且不断扩大。当干粉进入燃烧区域与火焰接触时,可以捕获大量的H+、H-,使得这些自由基被瞬时吸附在粉末表面。大量的干粉喷入燃烧区,H+、H-会很快地被耗尽,加快了气相销毁的速度。链式燃烧反应被终止,火焰即告熄灭。

三、基本灭火方法

燃烧必须同时具备三个要素,并且使三个要素相互结合、相互作用。而基本的灭火方法就是根据燃烧理论,使这三个要素不同时存在或相互不发生作用。

1.隔离法

如果不存在可燃物,火就肯定燃烧不起来。故隔离法就是将可燃物从火场移走,将火与未燃物隔开,或迅速将已燃物转移到安全地点或投入海中,或拆除火场附近的易燃物,或关闭可燃气体或可燃液体的阀门等,都是采取隔离法进行的灭火措施。隔离法是针对可燃物采取的灭火措施。

2.窒息法

使可燃物与空气隔绝,火因缺氧而窒息,从而达到灭火的目的,这种方法称为窒息法。窒息法的实施包括两个方面:

(1)如用不燃的防火毯、沙子或其他的不燃物等覆盖在燃烧物的表面,使空气中的氧与燃烧物隔开,而起不到助燃作用;关闭火场的门窗、通气筒、舱盖、人孔等以停止或减小空气中氧气的供应,使空气中氧含量迅速减少,当火灾区域中空气氧含量降到15%以下时,对一般可燃物来说,都可因缺氧而使火灾熄灭。

(2)向燃烧的舱室、容器灌入二氧化碳等惰性气体,来降低空气中的氧含量,当氧含量降至15%以下,一般物质的燃烧都会熄灭。

3.冷却法

使用灭火剂降低燃烧物的温度,当燃烧温度低于燃烧物质的燃点温度时,燃烧就会停止。如用水、二氧化碳等直接喷洒在燃烧物上来降温灭火;又如用水对火源附近的可燃物进行喷射降低其温度以阻止火灾的蔓延。

4.抑制法(化学中断法或中止法)

对于有焰燃烧,除三个要素外,还包括不受抑制的链式反应。当把抑制链式反应的灭火剂加入燃烧反应中后,大量助燃的游离基迅速被灭火剂捕获而消失,同时产生稳定的或活动性很低的游离基,最终使燃烧反应终止。如使用卤代烃、干粉灭火剂扑灭可燃气体火灾就属于此种灭火方法。抑制法最典型的代表是卤代烃。

课后练习题

1.简述燃烧三要素和灭火方法之间的关系。

2.简述常用灭火剂的种类及其灭火原理。

3.请根据燃烧原理,对"可燃气体在爆炸上限以上时,不爆炸,但可以燃烧"的说法进行分析。

4.试计算一下汽油(C_8H_{18})的爆炸温度。

5.简述我国公安部对火灾的分类方法以及各种火灾的特点。

6.经过材料分析,已知某可燃材料的质量分数组成为:碳为44%,氢为6%,氧为40%,氮为2%,水分为7%,灰分为1%。试求一下该可燃材料的燃烧温度。该可燃材料的低位热值为$Q_L = 16\ 633$ kJ/kg。

第三章
船舶防火结构

从预防火灾发生的角度出发,船舶建立有一套完善的防火措施(fire precaution),这些措施主要包括:控制可燃物,控制热源(火源)及控制通风等。但是船舶火灾有时防不胜防,为保证船舶一旦发生火灾事故后能有效地控制火势蔓延,SOLAS 公约及我国规范均规定船舶在设计和建设时,就应采用一定的防火结构(fire structure)。

第一节　基本概念

船舶结构防火,指的是在船舶建造阶段就在船体结构中使用不燃材料建设区域性的防火隔断。

所谓"不燃材料"系指某种材料加热至约 750 ℃时,既不燃烧,也不挥发出足以产生可造成自燃、易燃气体以及有毒气体的材料。不燃材料根据《国际耐火试验程序应用规则》确定。不燃材料以外的任何材料,均被称为可燃材料。

防火隔断将船舶结构分隔为可以彼此阻挡火焰穿透和热量传递的独立空间,以防某处发生火灾时,能够有效地阻止火势蔓延,避免扩大至相邻处所,从而留给人们一定时间去扑灭初始火灾。即使出现船上自救力量不够,一时难以扑灭火灾时,也能将火势有效封闭在有限的空间内,为船上人员转移创造条件。防火隔断根据所在处所失火危险性的高低程度,被分成了不同的等级。

1.标准耐火试验,指将需要试验的舱壁或甲板的试样置于试验炉内,加温到大致相当于标准时间-温度曲线的一种试验。试验应按照《国际耐火试验程序应用规则》规定的方法进行。做标准耐火实验时,试样应尽可能与所设计的结构近似[①]。标准时间-温度曲线应是一条光滑曲线,其表达式:

---

① 试样可以看作是从较大船舶防火结构上切割下来用以测试结构性能的样品。因此,试样包含的设计细节,亦应接近实际情况,比如结构的接头。

$$T - T_0 = 345 \times \lg(8t + 1)$$

式中,T——平均炉温,单位为摄氏度,℃;

T_0——初始温度,通常设定为 20 ℃;

t——时间,单位为分,min。

2. A 级分隔系指由符合下列要求的舱壁或甲板所组成的分隔:以钢或其等效材料①制造;有适当的防挠加强;上述结构,经 1 h 的标准耐火试验,能防止烟及火焰的通过;它们用经认可的不燃材料隔热,使在表 3-1-1 所列时间内,其背火一面的平均温度较原始温度增高不超过 140 ℃,且包括任何接头在内的任何一点的温度较原温度增高不超过 180 ℃。

表 3-1-1　A 级分隔和试验时间的关系表

时间	60 min	30 min	15 min	0 min
A 级分隔类型	A-60 级	A-30 级	A-15 级	A-0 级

3. B 级分隔系指由符合下列要求的舱壁、甲板、天花板或衬板所组成的分隔:以认可的不燃材料制成,它们的构造应在最初半小时的标准耐火试验结束时,能够防止火焰通过;它们具有这样的隔热值,使在表 3-1-2 所列时间内,其背火一面的平均温度较原始温度增高不超过 140 ℃,且包括任何接头在内的任何一点的温度,较原始温度增高不超过 225 ℃。

表 3-1-2　B 级分隔和试验时间的关系表

时间	15 min	0 min
B 级分隔类型	B-15 级	B-0 级

4. C 级分隔系指以认可的不燃材料制成的分隔。它们不必满足防止烟和火焰通过以及限制温升的要求,C 级分隔允许使用可燃表面装饰板片。但是需满足 SOLAS 公约的相关要求。

5. 低播焰性系指所述表面能有效地限制火焰的蔓延特性。特定物质的低播焰性根据《国际耐火试验程序应用规则》来确定。

6. 主竖区系指由 A 级分隔分成的船体、上层建筑和甲板室区段。主竖区在任何一层甲板上的平均长度和宽度一般不超过 40 m。

7. 客滚船系指设有滚装处所或特种处所的客船。

8. 设有限制失火危险的家具和设备的房间,系指设有限制失火危险的家具和设备的房间(无论住室、公共处所、办公室或其他类型的起居处所),在这些房间内:

(1)框架式家具,如书桌、衣橱、梳妆台、书柜、餐具柜,除其表面可采用不超过 2 mm 的可燃表面装饰板片外,完全由认可的不燃材料建造;

(2)可移动的家具(如椅子、沙发等)其骨架由不燃材料建造;

(3)帷幔、窗帘以及其他悬挂的纺织品材料,其阻止火焰蔓延的性能不次于 0.8 kg/m² 的毛织品;

(4)地板覆盖物具有低播焰性;

(5)舱壁、衬板及天花板的外露表面具有低播焰性;

(6)装有垫套的家具具有阻止着火和火焰蔓延的性能;

(7)床上用品具有阻止着火和火焰蔓延的性能。

---

①系指任何不燃材料本身或由于所设置隔热物,经过标准耐火试验规定的相应单面受火作用时间后,在结构性和完整性上与钢具有等效性能(例如,设有适当隔热材料的铝合金)。

9.起居处所系指用作公共处所、走廊、盥洗室、住室、办公室、医务室、电影院、游戏室、娱乐室、理发室、无烹调设备的配餐室的处所和类似处所。

10.服务处所系指用作厨房、设有烹调设备的配膳室、储物间、邮件舱及贵重物品室、储藏室、不属于机器处所组成部分的工作间,以及类似处所和通往这些处所的围蔽通道。

11.公共处所系指起居处所中用作大厅、餐室、休息室以及类似的固定围蔽处所。

12.控制站系指船舶无线电设备、主要航行设备或应急电源所在的处所,或者是指火警指示器或失火控制设备集中的处所。火警指示器或失火控制设备集中的处所亦称为消防控制站。

13.中央控制站系指具有下列集中控制和显示功能的控制站:
(1)固定式探火和失火报警系统;
(2)自动喷水器、探火和失火报警系统;
(3)防火门位置指示板;
(4)防火门锁闭;
(5)水密门位置指示板;
(6)水密门锁闭;
(7)通风机;
(8)通用/失火报警;
(9)包括电话在内的通信系统;
(10)公共广播系统的扩音器。

14.机器处所系指A类机器处所和其他装有推进机械、锅炉、燃油装置、蒸汽机和内燃机、发电机和主要电动机、加油站、冷藏机、防摇装置、通风机和空调机的处所等。

A类机器处所系指装有下列设备的处所和通往这些处所的围蔽通道:
(1)用作主推进的内燃机;
(2)用作非主推进的合计总输出功率不小于375 kW的内燃机;
(3)任何燃油锅炉和燃油装置,或锅炉以外的任何燃油设备,如惰性气体发生器、焚烧炉等。

15.燃油装置系指准备为燃油锅炉输送燃油或准备为内燃机输送加热燃油的设备,并包括用于处理油类而压力超过 0.18 N/mm^2 的任何压力油泵、过滤器和加热器。

16.货物处所系指用作装载货物的处所、货油舱、装载其他液体货物的液货舱和通往这种处所的围蔽通道。

17.特种处所系指在舱壁甲板以上或以下围蔽的车辆处所,车辆能够驶进驶出,并设有乘客进出的通道。若用于停放车辆的总净高度不超过10 m,特种处所可以布置于超过一层甲板。

18.滚装处所指非正常分隔并延伸至船舶的大部分长度或整个长度的处所,可在水平方向上正常装载或卸载油箱内备有自用燃料的机动车辆和/或货物在公路或铁路车辆内或上的包装或散装货物、车辆(包括公路或铁路槽罐车)、拖车、集装箱、货盘、可拆箱柜或在类似装载单元或其他容器之内或之上的货物。

19.开式滚装处所系指两端开口或一端开口的滚装处所,该处所通过分布在侧壁或顶甲板的固定开口或从上部提供遍及整个长度的充分有效的自然通风。固定开口的总面积至少为处所侧面总面积的10%。

20.闭式滚装处所系指既不是开式滚装处所,也不是露天甲板的滚装处所。

21.车辆处所指预期用于装载油箱内备有自用燃料的机动车辆的货物处所。

第二节　客船的防火结构

客船具有人员集中,火灾隐患较大等特点,所以相关公约和规范对于客船的防火结构做出了严格的规定。我们从防火区域的划分和耐火分隔、保持耐火分隔的完整性、限制使用可燃材料等三个方面,对这些规定进行讲解。

一、防火区域的划分和耐火分隔

1. 主竖区和水平区

(1) 主竖区

客船结构的特点是设有多个主竖区分隔。载客超过 36 人的客船,一般其船体、上层建筑和甲板室应以 A-60 级分隔分为若干主竖区。如在主竖区分隔一侧的处所为开敞甲板、卫生间及类似处所、极少或没有失火危险的舱(柜)、空舱及辅机处所或在主竖区两侧均为燃油舱,则该主竖区限界面可降低为 A-0 级分隔。

载客不超过 36 人的客船,在起居处所和服务处所的船体、上层建筑及甲板室应以 A 级分隔分为若干主竖区。

图 3-2-1 中客船黑色粗竖线被称为 MVZBHD,全称为"main vertical zone bulkhead"。主竖区从船头向船尾顺序编号。设置主竖区的基本原则是:一旦某个主竖区内的消防设备失灵,火灾蔓延时,可以保证不少于 60 min 的撤离时间。

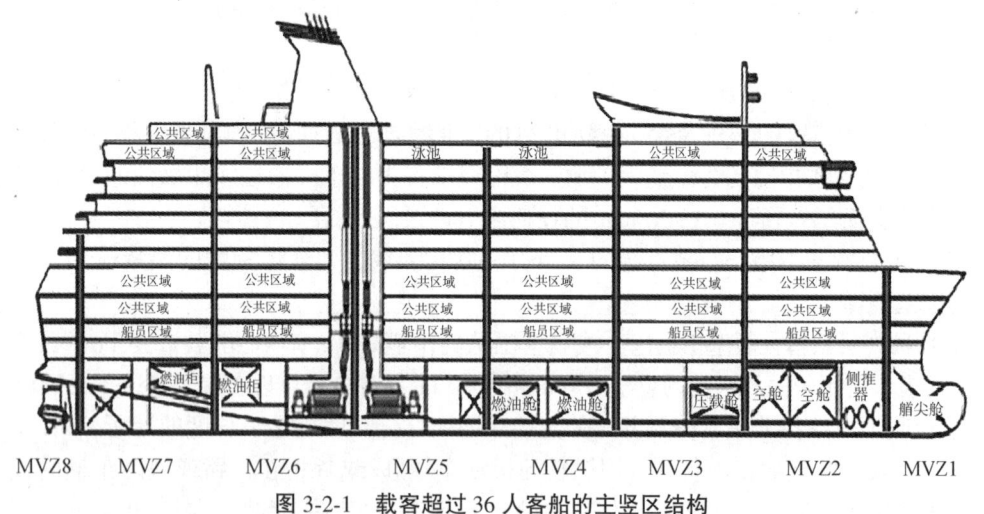

图 3-2-1　载客超过 36 人客船的主竖区结构

(2) 水平区

对于为特殊用途而设计的船舶,例如,汽车或铁路车辆渡船,若设置主竖区舱壁将影响船舶的预定用途时,可设置水平区作为等效措施。此种水平区限界面的耐火等级应与相应船舶主竖区的耐火等级相同。对于载客超过 36 人的客船,特种处所和滚装处所的限界面(甲板)应隔热至 A-60 级分隔标准。

规范允许每一水平区在高度不超过 10 m 的前提下,包括多于一层甲板的若干个特种处所。对于其他滚装处所,也可以参照这一原则设置水平区。

2. 分隔相邻处所舱壁/甲板

除上述主竖区和水平区限界面外,载客超过36人客船上的其他舱壁、甲板按照功能处所的不同,按失火危险等级分为下列14类。下述14类舱壁和甲板按照"分隔相邻处所舱壁/甲板的耐火性"表确定耐火等级。14类处所的定义如下:

(1) 控制站

该处所设有应急电源和应急照明电源、船舶无线电通信设备、失火报警设备、消防控制站、应急广播系统,具有驾驶台和海图室功能,位于推进机械处所外面。

(2) 梯道

乘客和船员用的内部梯道、升降机、完全封闭的紧急脱险环围、自动扶梯(如果该扶梯完全设在机器处所内,则除外)以及通往上述处所等的环围区域。

(3) 走廊

乘客及船员用的走廊和门厅。

(4) 撤离站和外部脱险通道

救生艇筏存放区;作为救生艇筏登乘与降落站的开敞甲板处所和围蔽游步甲板处所;内部和外部集合站;用作脱险通道的外部梯道和开敞甲板;最轻载航行水线之上的舷侧和位于救生艇筏和撤离滑道的登乘区域下方且相邻的上层建筑和甲板室舷侧。

(5) 开敞甲板处所

救生艇筏登乘与降落地点以外的开敞甲板处所和围蔽游步甲板处所。

(6) 较小失火危险的起居处所

设有限制失火危险的家具和陈设的住室、办公室和诊疗室以及公共处所(甲板面积小于$50\ m^2$)。

(7) 中等失火危险的起居处所

上述第(6)类的处所,但其内有未限制失火危险的家具和陈设;或有限制失火危险的家具和陈设的公共处所,且其甲板面积等于或大于$50\ m^2$;起居处所内面积小于$4\ m^2$的独立小间及小储物间(不存放易燃液体);小卖部、电影放映室和影片储藏室,厨房(没有明火者)。清洁用具储物柜(不存放易燃液体);实验室(不存放易燃液体);药房;小干燥间(面积等于或小于$4\ m^2$);贵重物品保管室;手术室。

(8) 较大失火危险的起居处所

设有未限制失火危险的家具和陈设的公共处所,且其甲板面积等于或大于$50\ m^2$;理发和美容室;桑拿房。

(9) 卫生间及类似处所

公共卫生设施、淋浴室、盆浴室、厕所等;小洗衣间;室内游泳场所;起居处所内没有烹调设备的单独配膳室;个人盥洗室设施应视为所在处所的一部分。

(10) 极少或没有失火危险的舱、空舱及辅机处所

构成船体结构部分的水舱;空舱及隔离空舱;不设置具有压力润滑系统的机器的辅机处所,且在该处所内禁止储存可燃物品,例如,通风机和空调机室、锚机室、舵机室、减摇装置设备室、电力推进的电动机室、设有分区配电板和除浸油式电力变压器($10\ kVA$以上)以外的纯电器设备舱室等。

(11) 具有中等失火危险的辅机处所、货物处所、货油舱和其他油舱以及其他类似处所。

货油舱、货舱、货舱围蔽通道及舱口;冷藏室;燃油舱(设在没有机器的单独处所内);允许

储存可燃物的轴隧和管隧;第(10)类中所述的辅机处所,在处所内允许设置具有压力润滑系统的机器或储藏可燃物;燃油加油站;设有浸油式电力变压器(10 kVA 以上)的处所;安装有由汽轮机及往复式蒸汽机驱动的辅机发电机,输出功率为 110 kW 及以下由小内燃机驱动的发电机、自动喷水器用泵、喷射泵或消防泵、舱底泵等的处所。

(12)机器处所和主厨房

主推进机舱(电力推进电动机舱除外)及锅炉舱;第(10)和(11)类以外的设有内燃机或其他燃油、加热或泵送装置的辅机处所;主厨房及其附属间;上述处所的环围及舱棚。

(13)储藏室、工作间、配膳室等

不属于厨房的主配膳室;主洗衣间;大干燥间(甲板面积大于 4 m^2);杂物间;邮件和行李室;垃圾间;工作间(不作为机器处所、厨房等的一部分);面积大于 4 m^2 的储物柜和储物间,存放易燃液体的处所除外。

(14)储藏易燃液体的其他处所

灯具及修理间;油漆间;存放易燃液体的储藏室(包括染料、药品等);实验室(室内存放易燃液体)。

上述各个不同类别之中,应用相应的等级进行分隔。在使用"分隔相邻处所甲板的耐火性"表格时,注有 * 的,只要求是钢质或其等效材料,而不要求满足 A 级分隔标准,但除开敞甲板外,电缆、通风管和其他管子穿过这类甲板时,不应在甲板上留有空隙,以免烟、火穿过。

"载客不超过 36 人的客船的舱壁、甲板"按照功能处所和失火危险等级分为 11 类,分别为控制站、走廊、起居处所、梯道、具有较小失火危险的处所、A 类机器处所、其他机器处所、货物处所、具有较大失火危险的处所、开敞甲板、特种和滚装处所。

二、保持耐火分隔的完整性

根据实际使用需要,船上的耐火分隔不可避免地会被开孔以安装门、窗、各种管路、电缆和其他结构件等。因此在这些地方应采取适当的措施以保持耐火分隔的完整性。

1.防火结构上的门

规范要求所有门、门框及其在关闭时的紧闭装置,应尽实际可能具有等效于其所在舱壁的耐火性。在 A 级和 B 级分隔上应使用经过标准耐火试验的、具有相应耐火等级证书的 A 级防火门和 B 级防火门。水密门可代替防火门,且不必隔热。

主竖区舱壁、梯道围壁和 A 类机器处所限界面上的门(由动力操纵的防火门除外)应是自闭型的,并有故障安全型释放装置。这些门应能在连续有人值班的集中控制站(如驾驶台)同时或成组地遥控释放关闭,也应能在各自所在位置处就地分别关闭。

对于国际航行客船,这些门的开启和关闭状态应能在连续有人值班的集中控制站内的防火控制显示屏上显示出来。

凡要求能够自闭的门,一般不应设门背钩,若装设门背钩,应是故障安全型的,且能遥控释放。

对于国际航行客船,位于脱险通道上的梯道、公共处所和主竖区舱壁上的 A 级防火门,应装有自闭式的能供消防水管穿过的通道。二氧化碳室、乙炔间、油漆间、蓄电池室的门应达到气密要求。

船舶外部限界面上的门,不要求其满足所在舱壁的耐火性,但如果此门位于脱险通道上,应用不燃材料制成;如果利用该门脱险的人少,可用表面具有低播焰性的材料制造。

客船上的 A 级防火门可分成两类:一类是防火门。这种门用于船舶限界线①以上部位。这种门首先应满足公约和规范对防火性能的要求,再兼顾水密性;另一类是水密门。这种门用于船舶限界线以下水密舱壁(在进行上层建筑或甲板室设计时,应考虑横舱壁的设置与主竖区的设置一致)部位。这种门主要的作用是关闭后保持分隔的水密性。公约规定,这类门一般不要求充填隔热材料。

用于 B 级舱壁上的门通常应为 B 级防火门。如果用于梯道围壁,则不允许开设通风口;如果用于住室和公共处所,包括办公室、盥洗室、餐具室等与走廊之间的 B 级舱壁,允许在门的下半部或门以下部位开通风口;若此通风开口是开在门的下半部,还应装有用不燃材料制成的百叶栅。

用于 C 级舱壁上的门一般应为 C 级防火门。它没有阻止火焰穿过的要求。

2. 防火结构上的窗

A 类机器处所的限界面上不能设窗,但机器处所内的控制室上可以安装玻璃窗。机舱的天窗应是钢质的,且不应有玻璃板,若装有玻璃,则应在玻璃外加装钢质盖,该钢质盖应永久地附连于天窗上并能由一人从外部加以关闭。

起居处所、服务处所、控制站内各舱壁上的窗,其构造应能保持所在舱壁的完整性。船舶外部限界面上的窗,一般不要求其具有所在舱壁的耐火性,但窗框应用钢或其他在高温下不易变形的材料制造,窗的玻璃应用金属镶边或镶角加以固定。

对于 36 人以上的国际航行客船,若外部限界面上的窗面对着救生设施、登乘和集合地点、用作脱险通道的外部梯道或外部通道,则这些窗应具有所在舱壁的耐火性,即应经过标准耐火试验并取得认可证书。如果这些窗配有专用的自动喷水器喷头,则可用 A-0 级窗作为替代,布置在救生艇登乘地点下方的舷窗至少应达到 A-0 级。对于 36 人及以下的国际航行客船或国内航行客船,也应特别注意这些窗的耐火性,并将这些窗限制在最少数量。

3. 其他开口和贯穿件

其他开口和贯穿件主要包括舱壁上的通风口,以及处所装设的贯穿舱壁的通风导管和电缆及其管路。通风口的贯穿可以参考防火分隔上的门。

通风导管和电缆管穿过耐火分隔时,应保持分隔的耐火性要求。除通风导管以外的其他管子穿过 A 级或 B 级分隔,若管子是钢质或铜质的,要求管子贯穿处四周的间隙不大于 2.5 mm,大于 2.5 mm 的间隙须用耐火填料填封。若管子不是钢质或铜质的,则贯穿件必须经过耐火试验,或者在贯穿处设置钢套(若设钢套管,钢套管与管子之间的间隙也不能大于 2.5 mm)。

电缆穿过 A 级分隔,也应设置符合耐火试验标准认可的电缆贯穿件。当单根电缆穿过 B 级分隔时,允许不设贯穿件,但四周的空隙不得大于 2.5 mm,且此空隙应用不燃填料填充。

当纵桁、横梁等结构件穿过耐火分隔时,也应注意保持分隔的耐火性,当结构件穿过 A 级分隔时,应用补板将开孔补好。

4. B 级分隔的终止要求

B 级舱壁一般要求从甲板延伸至甲板,并延伸至船壳或其他限界面。但对不是走廊舱壁的 B 级舱壁,若在舱壁的两侧之间设有连续 B 级天花板或连续 B 级衬板,可允许其终止于连续 B 级天花板或衬板。

船舶舱壁和甲板结构的防火要求见表 3-2-1 和表 3-2-2。

---

① 此处的限界线,可以理解为舱壁甲板。

表 3-2-1 不作为主竖区或水平区限界面的舱壁

处所	1	2	3	4	5	6	7	8	9	10	11	12	13	14
控制站(1)	B-0[a]	A-0	A-0	A-0	A-0	A-60	A-60	A-60	A-0	A-0	A-60	A-60	A-60	A-60
梯道(2)		A-0	A-0	A-0	A-0	A-15	A-15	A-0	A-0[c]	A-0	A-15	A-30	A-15	A-30
走廊(3)			B-15	A-0	A-0	B-15	B-15	B-15	B-15	A-0	A-15	A-30	A-0	A-30
撤离站和外部脱险通道(4)				B-60	A-0	A-60[b,d]	A-60[b,d]	A-60[b,d]	A-0[4]	A-0	A-60[b]	A-60[b]	A-60[b]	A-60[b]
开敞甲板处所(5)						A-0	A-0	A-0	A-0	A-0	A-0	A-0	A-0	A-0
较小失火危险的起居处所(6)							B-0	B-0	C	A-0	A-15	A-60	A-30	A-60
中等失火危险的起居处所(7)								B-0	C	A-0	A-30	A-60	A-15	A-60
较大失火危险的起居处所(8)									C	A-0	A-0	A-0	A-0	A-0
卫生间及类似处所(9)										A-0[a]	A-0	A-0	A-0	A-0
极少中等失火危险的舱、空舱及辅机处所(10)											A-0[a]	A-0	A-0	A-15
具有中等失火危险的辅机处所,货物处所,货油舱和其他油舱以及其他类似处所(11)												A-0[a]	A-0	A-60
机器处所和主厨房(12)													A-0[a]	A-0
储藏室,工作间,配膳室等(13)														A-30
储藏易燃液体的其他处所(14)														

表 3-2-2 在主竖区内既不形成阶层也不作为水平区限界面的甲板

甲板下处所 \ 甲板上处所	1	2	3	4	5	6	7	8	9	10	11	12	13	14
控制站（1）	A-30	A-30	A-15	A-0	A-0	A-0	A-15	A-30	A-0	A-0	A-0	A-60	A-0	A-60
梯道（2）	A-0	A-0	A-0	A-0	A-0	A-0	A-0	A-0	A-0	A-0	A-0	A-30	A-0	A-30
走廊（3）	A-15	A-0	A-0a	A-60	A-0	A-0	A-15	A-15	A-0	A-0	A-0	A-30	A-0	A-30
撤离站和外部脱险通道（4）	A-0	A-0	A-0	A-0	A-0	A-0	A-0	A-0	A-0	A-0	A-0	A-0b	A-0	A-0b
开敞甲板处所（5）	A-0	A-0	A-0	A-0	—	A-0	A-0	A-0	A-0	A-0	A-0	A-0	A-0	A-0
较小失火危险的起居处所（6）	A-60	A-15	A-15	A-60	—	A-0	A-0	A-0	A-0	A-0	A-0	A-0	A-0	A-0
中等失火危险的起居处所（7）	A-60	A-15	A-15	A-60	A-0	A-0	A-0	A-15	A-0	A-0	A-0	A-0	A-0	A-0
较大失火危险的起居处所（8）	A-60	A-15	A-15	A-60	A-0	A-15	A-15	A-30	A-0	A-0	A-0	A-0	A-0	A-0
卫生间及类似处所（9）	A-0	A-0	A-0	A-0	A-0	A-0	A-0	A-0	A-0	A-0	A-0	A-0	A-0	A-0
极少或没有失火危险的舱、空舱及辅机处所（10）	A-0	A-0	A-0	A-0	A-0	A-0	A-0	A-0	A-0	A-0a	A-0	A-0	A-0	A-0
具有中等失火危险的辅机处所，货物处所，货油舱和其他类似油舱以及其他类似处所（11）	A-60	A-60	A-60	A-60	A-0	A-60	A-15	A-30	A-0	A-0	A-0a	A-0	A-0	A-30
机器处所和主厨房（12）	A-60	A-60	A-60	A-60	A-0	A-60	A-60	A-60	A-0	A-0	A-30	A-30a	A-0	A-60
储藏室，工作间，配膳室等（13）	A-60	A-15	A-15	A-60	A-0	A-15	A-30	A-30	A-0	A-0	A-0	A-0	A-0	A-0
储藏易燃液体的其他处所（14）	A-60	A-60	A-60	A-60	A-0	A-30	A-60	A-60	A-0	A-0	A-0	A-0	A-0	A-0

注：表中各个上标的含义如下：

a 属于同一数字类别且标有上标"a"的相邻处所，如主管机关认为不必要时，在此类别之间不必设置舱壁和甲板。例如，在第(12)类内的厨房及其所属配餐室之间，只要配餐室的舱壁和甲板能保持厨房限界面的完整性，则不必要求设置舱壁。但是，厨房与机器处所之间要求设置舱壁，即使这两个处所都属于第(12)类。

b 最轻载航行水线之上的船侧，位于救生艇筏和撤离滑道的登乘区域下方且相邻的上层建筑和甲板室舷侧可降低为"A-30"级。

c 如果公共盥洗室完全设在梯道围壁内，在梯道围壁内的公共盥洗室的舱壁可具有 B 级耐火性。

d 如果第(6)、(7)、(8)和(9)类处所完全位于集合站的外边界之内，这些处所的舱壁允许具有 B-0 级耐火性。听觉、视觉和灯光装置的控制装置位置可视为集合站的一部分。

对作为走廊舱壁的 B 级舱壁，是否允许其不延伸至甲板舱壁，要视船舶类型而定：

（1）对于 36 人以上国际航行的客船，B 级走廊舱壁必须延伸至甲板和舱壁等限界面，如图 3-2-2 所示。

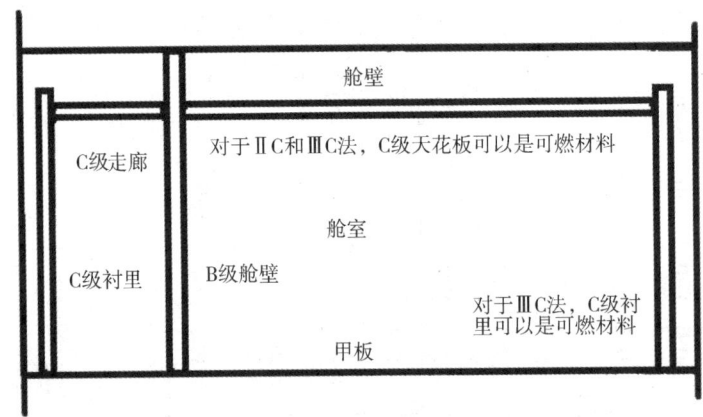

图 3-2-2　36 人以上国际航行的客船，B 级分隔的终止

（2）对于 36 人及以下国际航行的客船和所有国内航行的客船，B 级舱壁两侧设置连续 B 级天花板或衬板，B 级舱壁仍应延伸至甲板或舱壁，只是在连续 B 级天花板或衬板背后的 B 级舱壁允许开口让各种管路、电缆穿过，对这部分 B 级舱壁只要求其在合理和可行的范围内保持耐火性；若 B 级走廊舱壁的两侧均为自动喷淋装置保护的处所，则允许 B 级走廊舱壁终止于 B 级天花板和 B 级衬板，见图 3-2-3。

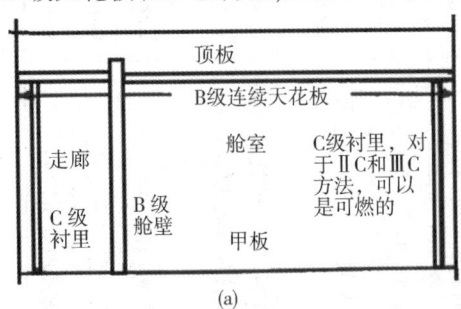 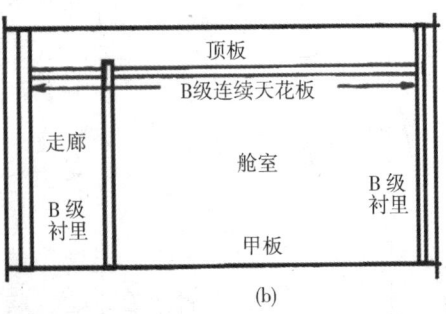

图 3-2-3　36 人及以下国际航行的客船，B 级分隔终止的实例

5. 隔热材料在结构交接点和终止点的延伸要求

一般要求耐火材料在结构交接点和终止点延伸 450 mm，见图 3-2-4。耐火分隔上扶强材等构件的隔热材料，应按标准耐火试验时采用的方法进行敷设。

需要说明的是,隔热材料的延伸仅适用于 A-60、A-30、A-15 舱壁或甲板,对于仅作为隔热隔音用的材料没有延伸要求。

三、限制使用可燃材料

为了实用或美观而用作某一处所内部分隔的局部舱壁或甲板,应由不燃材料制成。若某一起居处所或服务处所内设有认可的自动喷水器、探火和失火报警系统,则该处所内的 C 级分隔可采用一些可燃材料,但这些可燃材料的体积加上该处所内可燃面板、嵌条、装饰物及装饰板的总体积应不超过该处所内各围壁及天花板组合面积上厚 2.5 mm 装饰板的体积。

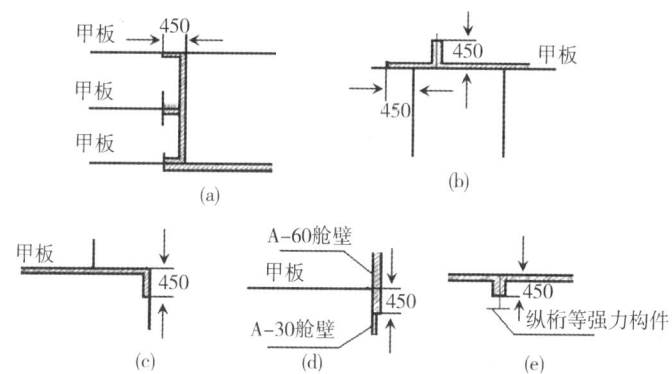

图 3-2-4　耐火材料在结构交接点和终止点延伸要求

第三节　货船的防火结构

从货船的整体结构看,货船主要包括三个区域,即生活区域、机舱区域以及装货区域。三种区域的失火危险程度不同,其保护原则也不尽相同。下面就介绍一下三种区域的保护原则。

一、货船生活区域的保护原则

货船的生活区域包括起居处所、服务处所和控制站。由于人为因素或电气老化等原因,货船生活区域内存在着较大的失火风险。因此,对于国际航行的货船,相关规范要求其起居处所、服务处所和控制站在设计和建造时,可采取ⅠC、ⅡC、ⅢC 法中的任何一种方法予以保护。三种方法的主要建造要求见表 3-3-1。

表 3-3-1　ⅠC 法、ⅡC 法、ⅢC 法的主要要求

项目\类别	ⅠC 法	ⅡC 法	ⅢC 法
耐火分隔	以 B 级或 C 级分隔作内部的分隔舱壁;未要求为 A 级或 B 级的舱壁,至少应为 C 级	除个别情况规定为 C 级舱壁外,其余不予限制	除个别情况规定为 C 级舱壁外,其余不予限制,但用 A 级或 B 级分隔的起居处所群的面积不得大于 50 m²*。对公共处所面积,主管机关可适当放宽**

续表

类别 项目	ⅠC法	ⅡC法	ⅢC法
不燃材料	在起居处所、服务处所和控制站内所有的衬板、风挡、天花板、衬挡,均应为不燃材料	走廊和梯道环围中的天花板、衬板、风挡、衬挡,均应为不燃材料	走廊和梯道环围中的天花板、衬板、风挡及其衬挡,均应为不燃材料
自动喷水器、探火和失火报警系统	一般不设	除空舱和卫生处所等实际无火灾危险者外,在起居处所和服务处所均需设置	一般不设
固定式探火和失火报警系统	走廊、梯道和脱险通道设置,且必须为感烟式和手动报警按钮	走廊、梯道和脱险通道设置,且应为感烟式和手动报警按钮	在可能发生火警的所有起居处所及服务处所设置

注:* 大于 50 m² 需要增设 B-0 级舱壁加以分隔。

** "主管机关可适当放宽"——根据中国船级社 1999 年出版的《消防指南》:对公共处所面积,主管机关可放宽至 75 m²。

二、货船机舱区域和装货区域的保护原则

货船的机舱区域包含有机器处所、控制站和服务处所。这些处所舱壁的构造和使用隔热材料的要求,以及对上述处所内的梯道环围和走廊的保护要求,可参考ⅠC、ⅡC、ⅢC中的相关要求。

对于装货区域的保护,可以参考"货船舱壁和甲板耐火分隔完整性"要求。

三、货船舱壁和甲板耐火分隔完整性

在做货船耐火分隔整体设计时,按不同处所的失火危险程度,将货船处所分为11类,分别是控制站、走廊、起居处所、梯道、较小失火危险的服务处所、A类机器处所、其他机器处所、货物处所、较大失火危险的服务处所、开敞甲板、滚装和车辆处所。

货船上各处所之间的分隔在满足前述的ⅠC、ⅡC、ⅢC的要求基础上,还需满足分隔相邻处所舱壁、甲板的耐火完整性表确定耐火等级,如表3-3-2,表3-3-3所示。

装设在耐火分隔上的门窗和贯穿件会影响整个耐火分隔的完整性。为了保证耐火分隔的完整性,装设在耐火分隔上的门、窗和贯穿件可以参考客船的要求。

表3-3-2 分隔相邻处所舱壁的耐火完整性

处所	1	2	3	4	5	6	7	8	9	10	11
控制站(1)	A-0ᵉ	A-0	A-60	A-0	A-15	A-60	A-15	A-60	A-60	*	A-60
走廊(2)		C	B-0ᵉ	A-0c B-0	B-0ᵉ	A-60	A-0	A-0	A-0	*	A-30
起居处所(3)			Cᵃᵇ	A-0ᶜ B-0	B-0ᵉ	A-60	A-0	A-0	A-0	*	A-30

需要说明的是,隔热材料的延伸仅适用于 A-60、A-30、A-15 舱壁或甲板,对于仅作为隔热隔音用的材料没有延伸要求。

三、限制使用可燃材料

为了实用或美观而用作某一处所内部分隔的局部舱壁或甲板,应由不燃材料制成。若某一起居处所或服务处所内设有认可的自动喷水器、探火和失火报警系统,则该处所内的 C 级分隔可采用一些可燃材料,但这些可燃材料的体积加上该处所内可燃面板、嵌条、装饰物及装饰板的总体积应不超过该处所内各围壁及天花板组合面积上厚 2.5 mm 装饰板的体积。

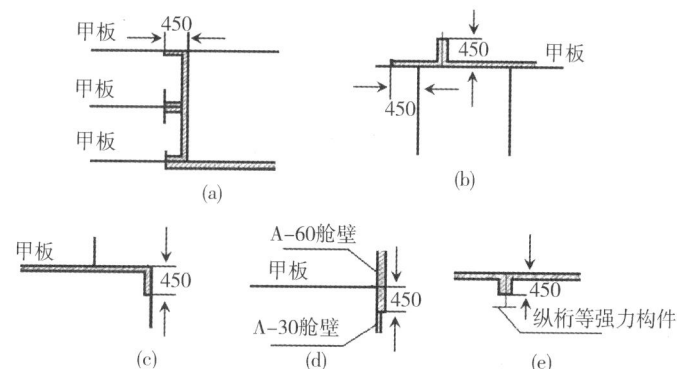

图 3-2-4　耐火材料在结构交接点和终止点延伸要求

第三节　货船的防火结构

从货船的整体结构看,货船主要包括三个区域,即生活区域、机舱区域以及装货区域。三种区域的失火危险程度不同,其保护原则也不尽相同。下面就介绍一下三种区域的保护原则。

一、货船生活区域的保护原则

货船的生活区域包括起居处所、服务处所和控制站。由于人为因素或电气老化等原因,货船生活区域内存在着较大的失火风险。因此,对于国际航行的货船,相关规范要求其起居处所、服务处所和控制站在设计和建造时,可采取ⅠC、ⅡC、ⅢC 法中的任何一种方法予以保护。三种方法的主要建造要求见表 3-3-1。

表 3-3-1　ⅠC 法、ⅡC 法、ⅢC 法的主要要求

项目 \ 类别	ⅠC 法	ⅡC 法	ⅢC 法
耐火分隔	以 B 级或 C 级分隔作内部的分隔舱壁;未要求为 A 级或 B 级的舱壁,至少应为 C 级	除个别情况规定为 C 级舱壁外,其余不予限制	除个别情况规定为 C 级舱壁外,其余不予限制,但用 A 级或 B 级分隔的起居处所群的面积不得大于 50 m²。对公共处所面积,主管机关可适当放宽**

续表

类别\项目	ⅠC法	ⅡC法	ⅢC法
不燃材料	在起居处所、服务处所和控制站内所有的衬板、风挡、天花板、衬挡,均应为不燃材料	走廊和梯道环围中的天花板、衬板、风挡、衬挡,均应为不燃材料	走廊和梯道环围中的天花板、衬板、风挡及其衬挡,均应为不燃材料
自动喷水器、探火和失火报警系统	一般不设	除空舱和卫生处所等实际无火灾危险者外,在起居处所和服务处所均需设置	一般不设
固定式探火和失火报警系统	走廊、梯道和脱险通道设置,且必须为感烟式和手动报警按钮	走廊、梯道和脱险通道设置,且应为感烟式和手动报警按钮	在可能发生火警的所有起居处所及服务处所设置

注:* 大于 50 m² 需要增设 B-0 级舱壁加以分隔。

** "主管机关可适当放宽"——根据中国船级社 1999 年出版的《消防指南》:对公共处所面积,主管机关可放宽至 75 m²。

二、货船机舱区域和装货区域的保护原则

货船的机舱区域包含有机器处所、控制站和服务处所。这些处所舱壁的构造和使用隔热材料的要求,以及对上述处所内的梯道环围和走廊的保护要求,可参考ⅠC、ⅡC、ⅢC中的相关要求。

对于装货区域的保护,可以参考"货船舱壁和甲板耐火分隔完整性"要求。

三、货船舱壁和甲板耐火分隔完整性

在做货船耐火分隔整体设计时,按不同处所的失火危险程度,将货船处所分为11类,分别是控制站、走廊、起居处所、梯道、较小失火危险的服务处所、A类机器处所、其他机器处所、货物处所、较大失火危险的服务处所、开敞甲板、滚装和车辆处所。

货船上各处所之间的分隔在满足前述的ⅠC、ⅡC、ⅢC的要求基础上,还需满足分隔相邻处所舱壁、甲板的耐火完整性表确定耐火等级,如表 3-3-2,表 3-3-3 所示。

装设在耐火分隔上的门窗和贯穿件会影响整个耐火分隔的完整性。为了保证耐火分隔的完整性,装设在耐火分隔上的门、窗和贯穿件可以参考客船的要求。

表 3-3-2 分隔相邻处所舱壁的耐火完整性

处所	1	2	3	4	5	6	7	8	9	10	11
控制站(1)	A-0^e	A-0	A-60	A-0	A-15	A-60	A-15	A-60	A-60	*	A-60
走廊(2)		C	B-0^e	A-0c B-0	B-0^e	A-60	A-0	A-0	A-0	*	A-30
起居处所(3)			C^{ab}	A-0^e B-0	B-0^e	A-60	A-0	A-0	A-0	*	A-30

续表

处所	1	2	3	4	5	6	7	8	9	10	11
梯道(4)					A-0c B-0	A-0c B-0	A-60	A-0	A-0	A-0	*	A-30
较小失火危险处的服务所(5)						C	A-60	A-0	A-0	A-0	*	A-0
A机器处所(6)							*	A-0	A-0g	A-60	*	A-60f
其他机器处所(7)								A-0d	A-0	A-0	*	A-0
装货处所(8)									*	A-0	*	A-0
较大失火危险的服务所(9)										A-0d	*	A-30
开敞甲板(10)											–	A-0
滚装和车辆处所(11)												A-30j

表 3-3-3　分隔相邻处所甲板的耐火完整性

甲板上区域→ 甲板下区域↓	1	2	3	4	5	6	7	8	9	10	11
控制站(1)	A-0	A-0	A-0	A-0	A-0	A-60	A-0	A-0	A-0	*	A-60
走廊(2)	A-0	*	*	A-0	*	A-60	A-0	A-0	A-0	*	A-30
起居处所(3)	A-60	A-0	*	A-0	*	A-60	A-0	A-0	A-0	*	A-30
梯道(4)	A-0	A-0	A-0	*	A-0	A-60	A-0	A-0	A-0	*	A-30
较小失火危险处所(5)	A-15	A-0	A-0	A-0	*	A-60	A-0	A-0	A-0	*	A-0
A机器处所(6)	A-60	A-60	A-60	A-60	A-60	*	A-60i	A-30	A-60	*	A-60
其他机器处所(7)	A-15	A-0	A-0	A-0	A-0	A-0	*	A-0	A-0	*	A-0
装货处所(8)	A-60	A-0	A-0	A-0	A-0	A-0	A-0	*	A-0	*	A-0
较大失火危险处所(9)	A-60	A-0	A-0	A-0	A-0	A-60	A-0	A-0	A-0d	*	A-30
开敞甲板(10)	*	*	*	*	*	*	*	*	*	–	A-0j
滚装和车辆处所(11)	A-60	A-30	A-30	A-30	A-0	A-60 g	A-0	A-0	A-30	A-0j	A-30j

注：

a 在ⅡC及ⅢC法中对舱壁无特殊要求。

b 在ⅢC法中，面积为 50 m² 及以上的各处所或各组处所之间应装设 B-0 级舱壁。

c 为分清适用哪一等级，见 SOLAS 公约第Ⅱ-2/9.2.3.2 和第Ⅱ-2/9.2.3.4；

d 属于同一数字类别且有上标"d"的处所，只有当相邻处所用途不同时，才要求表中所示等级的舱壁或甲板［例如第(9)类］。相邻的厨房之间不要求用舱壁分隔，但厨房与油漆间相邻则要求用 A-0 级舱壁分隔。

e 分隔驾驶台、海图室和无线电室的舱壁可以为"B-0"级。

f 如果不拟载运危险货物，或危险货物的堆存处与舱壁的水平距离不少于 3 m，该舱壁可为 A-0 级。

g 拟用于载运危险货物的货物处所适用 SOLAS 公约第Ⅱ-2/19.3.8 条。

i 如果主管机关认为第(7)类中的机器处所极少或无失火危险，可不必设置防火隔热。

j 2014 年 7 月 1 日以前建造的船舶应至少符合 SOLAS 公约第Ⅱ-2/1.2 条规定的船舶建造时适用的原有

要求。

表中出现＊处，表示分隔要求为钢质或等效材料，但不要求为 A 级标准。但是，除开敞甲板以外，如果甲板被贯穿以供电缆、管线和通风管道通过，应对此类贯穿处进行密封以防止火焰和烟气通过。除非安装了固定式气体灭火系统，控制站（应急发电机）和开敞甲板之间的分隔可以设有不带关闭装置的空气开口。

第四节　对船舶防火结构的检验

一、防火区域的划分和分隔的检查

船舶需要定期查验船舶的甲板、舱壁、甲板室、船壳等结构是否符合防火分隔完整性要求，特别是 A、B 级分隔中铝合金结构是否满足防火分隔完整性要求。

检验人员通过查看船舶的防火控制图，可以大致了解到船上甲板或舱壁的防火分隔标准。公约规定，船舶防火控制图上应清楚地标明每层甲板的各控制站、A 级分隔和 B 级分隔围蔽的区域范围。但是，船舶防火控制图一般只会笼统地标示出 A 和 B 级分隔，不具体标示出诸如 A-60、A-30、A-15、A-0、B-15、B-0 等级别，这时可以查看造船时的结构防火分隔图。从该图上可以清楚地看到具体的防火分隔标准，以此为标准对实船进行对照检查。如防火控制图、结构防火分隔图上有明显的不符合公约要求的地方，除主管机关给予免除的外，应以公约的要求为准。

二、耐火分隔的完整性检查

为保持耐火性，公约要求，船舶耐火分隔上的门窗及其他开口和贯穿件的耐火性应与其所装配处所的分隔的耐火性相当。

检查防火门窗时，应根据防火控制图核查舱壁上防火门的布置情况，确定防火门窗等级和是否需要自闭。注意检查门窗的标牌；标牌上应标有防火等级和钢印，适当情况下，可以核查防火门窗的产品证书。

1. 对客船开口部位的检验

（1）除货物处所、特种处所、储藏间和行李室之间的舱口以及这些处所与露天甲板之间的舱口外，其他开口应设有永久地连接于该开口的关闭装置；关闭装置的耐火性应至少与其所在的分隔相等。A 级分隔上所有门和门框的结构及其在关闭时的锁紧装置，其耐火性和阻止烟气及火焰通过的性能应与其所在舱壁的性能等效。这些门及门框应由钢或其他等效材料建造。水密门不必隔热。

（2）除动力操纵的水密门和通常锁闭的门外，主竖区舱壁、厨房限界面及梯道围上的防火门应满足以下要求：

①门应为自闭型，应在门朝关闭的反方向倾斜至 3.5°时仍能自动关闭。

②在船舶处于正浮状态时，铰链式防火门和滑动式防火门的大致关闭时间（从动作开始至关闭），符合公约要求。

③除紧急脱险通道的门以外，所有防火门应能从连续有人值班的集中控制站同时或成组

遥控释放关闭,并应能从门两侧的位置单独释放关闭。释放开关应具有通—断功能,以防止系统自动复位。

④禁止使用不能由集中控制站脱开的门背钩;从集中控制站遥控关闭的门应能从门的两侧通过"当地控制"重新开启。就地开启以后,应能再次自动关闭。

⑤连续有人值班的集中控制站内的防火门显示屏上应显示出每扇门是否都已关闭;释放装置应设计成在控制系统或主电源出现故障时,门将自动关闭。

⑥动力操纵的防火门,应在紧靠门的位置设有局部蓄能器,以使该门能在控制系统或主电源出现故障后,通过"当地控制"至少全开和关闭 10 次。

⑦某一个门处的控制系统或主电源故障不得妨碍其他门的安全工作。

⑧遥控释放关闭的滑动门或动力操纵的门在门由集中控制站释放后和门开始动作前 5 s 到 10 s 内,发出听觉报警并持续至该门完全关闭。

⑨被设计成在关闭过程中遇到障碍物时会重新开启的门,其重新开启度从接触点开始不得超过 1 m。

⑩装有耐火性所必需的压紧装置的双叶门,在被控制系统释放时,其压紧装置应随门的动作而自动工作。

(3)对载客不超过 36 人的客船,如某一处所由自动喷水器、探火和失火报警系统保护或设有连续 B 级天花板,则在主竖区内未形成阶层亦不作为水平区限界面的甲板上的开口,应能适度紧密关闭,并且在主管机关认为合理和实际可行的范围内,这类甲板应满足 A 级完整性的要求。

2. 对货船开口的检验

(1)门的耐火性应与其所在分隔的耐火性相同,根据《国际耐火试验程序应用规则》确定。

(2)要求自闭的门不得装设门背钩。但是,可以使用装有故障安全型遥控释放设备的门背钩装置。

(3)在走廊舱壁上,可允许在居住舱室和公共处所的门上及门下开设通风开口。

3. 对船舶防火结构上的贯穿件检查

检查贯穿件时,应注意各个开口及贯穿件的尺寸、材质、施工工艺是否满足相关要求。

三、船舶大修后检查

进行此类检查时,可以重点关注封闭在天花板或衬板内的防火结构。主要包括:

(1)船舶的防火结构完整性是否遭到破坏;隔热层是否脱落;隔热延伸是否达到 450 mm。

(2)防火门是否关闭不严或无法关闭(如自闭器损坏或丢失)。

(3)防火结构上贯穿是否封堵(所有 A 级分隔舱壁和甲板上明显的穿洞,如没有封闭的电缆穿孔和防火门上有洞等都不符合要求)。

(4)特别是营运船舶新安装的电缆或管子,必须进行结构检查以确保符合 SOLAS 公约关于结构性防火的要求。

课后练习题

1. 概述客船和货船在防火结构上的设计和建设思路。
2. 概述货船起居处所的保护原则和建造原则。
3. 概述船舶防火结构的检查维护保养要求。

第四章
通风系统

为了确保船舶机电设备正常运转、货物安全运输、改善旅客和船员的生活及工作条件、驱散舱室内油气等有害气体等,船舶需要安装通风系统。

第一节　通风系统概述

船上的通风系统按其工作原理可分为自然通风和动力通风两类,其中动力通风又包括机械通风(抽风或送风)和空调通风两种。

一、通风方式

1. 自然通风

自然通风的原理是利用热空气上升、冷空气补充的性质对有关场所进行的通风。自然通风有排气通风和循环通风两种。

2. 机械通风

机械通风是利用风机进行强制通风的一种通风方式。风机可安装在进气或排气管道上;或者在排气管道和进气管道上分别安装。

通过将自然通风和机械通风进行不同的组合,可实现不同的通风需求。自然通风和机械通风,通过不同的组合可分为五类。

(1) 机械进风和机械抽风组合方式;
(2) 自然进风和自然抽风组合方式;
(3) 机械进风和自然抽风组合方式;
(4) 自然进风和机械抽风组合方式;
(5) 多种通风组合方式(例如,自然进风、机械进风和机械排风的组合)。

3. 空调通风

空调系统可调节室内的温度与湿度。营运船舶安装了一个或多个中央空调系统。空调通风由风机从吸风口及回风口分别吸入外界新鲜空气和回风;两者混合后经空气调节器处理(加热或降温),然后由主风管、支风管送至各舱室的布风器,散布到整个舱室;舱室中多余的空气通过房门下部的隔栅或留出的空隙流入走廊,再回流到回风口,形成空气的循环。

二、火灾中的通风控制

火灾扑救中,控制通风的目的包括两个:其一,断绝通风;其二,按照需要通风。

断绝通风就是通过关闭与火场相关的所有通风设施来切断火场的氧气供应,从而达到控制火势的目的。

按照需要通风,一般用于直接扑救行动中。火场中的浓烟、高温、有毒气体,会使消防员无法顺利地完成探火、救人和火灾扑救的行动。这就需要根据现场的具体情况适当通风,提高火场的能见度,减少高温和毒气对消防员的危害,同时控制火势蔓延,达到提高救人和灭火效率的目的。

通风在整个灭火行动中是非常重要的。尤其在援救受困人员时,要根据具体情况采取适当的通风控制方式。

控制通风的方式有下列几种:

(1)垂直通风:火场产生的浓烟和灼热的气体,通过火场上方的垂直开口排出。开口应尽量选择在火点的正上方。采取垂直通风时,应注意减少新鲜空气进入量,避免火灾快速蔓延。垂直通风可为人员快速进入火场提供保障。对于机舱上部火灾或甲板下处所可采取此方式。

(2)横向通风:打开上风和下风的门,使舱室内的烟雾顺着空气流动方向排出,即可获得横向通风。使用此法时应先打开下风门,后打开上风门。横向通风一般使用在主甲板及以上处所。

(3)垂直和横向复合通风:当火场位于甲板下面,将烟和热从船舶上部直接排走可能是比较困难的,这就需要进行垂直和横向复合通风。烟雾和热通过横向和垂直通道安全排出,由于通道比较长,路径曲折,使用此法通风时,通道必须远离危险物和易燃物品,紧闭其他舱室和通道。

(4)机械通风:这是在垂向和横向通风的基础上,通过添加机械通风设备,强化通风的方式。该种通风方式可以提高通风的效率。

火场中控制通风难度大,要求高,且有潜在的导致火势蔓延的危险,所以通风控制人员应注意排烟温度;温度过高应停止通风排烟,以免火势蔓延到其他场所。

第二节 通风系统的要求

船舶通风导管穿过耐火分隔伸向船舶的不同舱室,在改善这些处所通风条件的同时,也带来了潜在的危险,因为船舶一旦失火,四通八达的通风导管就可能成为导热、导烟甚至直接传播火焰的途径。为了防止这种情况的发生,公约对船舶的通风系统提出了明确的防火要求。

耐火结构完整性和通风系统之间的关系非常密切,船舶消防管理人员必须掌握两者之间的关联,通过日常管理,保证船舶安全。

一、基本要求

公约对船舶通风系统的防火要求,主要体现在以下几个方面:

(1) 通风导管应由钢或等效材料制成

公约规定:对于 2016 年 1 月 1 日前建造的船舶,通风系统可以按照下述要求建造:凡穿过主竖区(包括水平区)限界面的通风导管,在耐火分隔与挡火闸之间的部分应为钢质或其他等效材料;特种处所、滚装处所、用于载运油箱内带有自用燃油的机动车辆的处所内的通风导管应为钢质;载客超过 36 人的国际航行客船,除装货处所的通风导管要求由不燃材料制成外,其他处所的通风导管,若其截面积(指净面积,不包括预隔热材料等,下同)超过 0.075 m²,或者其所服务的处所超过一个甲板间处所的垂直导管(不论其截面积大小)应为钢质或其他等效材料。对于 2016 年 1 月 1 日后建造的船舶,通风导管(包括单层和双层导管)均应由钢或等效材料制成。

(2) 通风导管由不燃材料制成

①在通风系统的新规中要求:一般长度不超过 2 m 且有效横截面积不超过 0.02 m² 的短导管如符合下列条件,则不必使用钢或等效材料。

对位于通风系统末端、离开耐火分隔的开口(沿导管量取)600 mm 以上且具有低播焰性的材料制成的较短(长度不超过 2 m)、较细(截面积不超过 0.02 m²)的通风导管可不必使用不燃材料,如图 4-2-1 所示的通风管路。

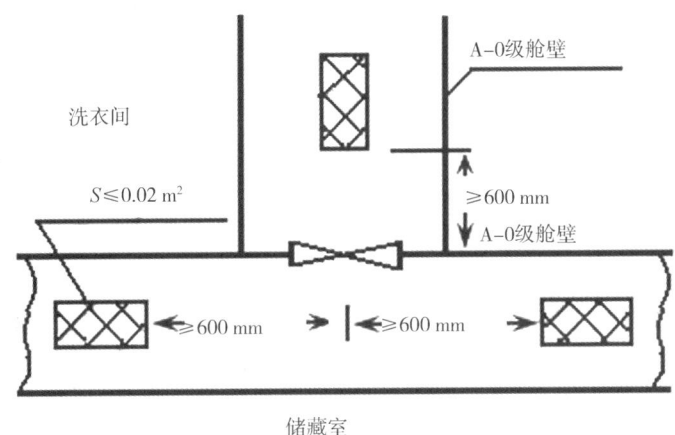

图 4-2-1 允许用具有低播焰性的材料制造通风栅

②导管若由不燃材料制成,其内外表面可加装低播焰性的膜,且在任何情况下,该膜按厚度和表面积计算所得出的发热值不得超过 45 MJ/m²。

③对于连接风机至空调机室内导管的长度不超过 600 mm 的挠性波纹短管,可以不必使用不燃材料。

④对于由不燃材料建造和隔热的通风导管,若其采用法兰式接头连接,则法兰式通风导管接头中的易燃垫片不允许在 A 或 B 级分隔上开口的 600 mm 范围内使用;并且在要求为 A 级分隔结构的导管上,也不允许适用。

(3) 通风导管应设有检查和清洁孔(检查和清洁孔的位置应靠近挡火闸——观察挡火闸的开关)。

(4) 所有通风系统的主要进气口和出气口都应能从通风处所的外部关闭。关闭装置操作位置应易于到达,有显著的永久性标志,且应指示出关闭装置的操作位置。

(5)除公约 4.1.2.1① 和 4.2.3② 的规定外,在两个围蔽处所之间不应设通风开口或空气平衡导管。

二、通风系统的布置

(1)应按处所失火危险程度和使用人数的多少设置若干个独立的通风系统

一般来说,A 类机器处所、车辆处所、滚装处所、厨房、特种处所和货物处所的通风系统应相互独立并与服务于其他处所(生活处所、服务处所和控制站)的通风系统相隔开。

但对于小于 4 000 总吨的货船和载客不超过 36 人的客船上,厨房的供气通风可以利用服务于其他处所(生活处所、服务处所和控制站)的通风装置完成。但是该通风导管需与其他处所的导管分开,并在该通风导管(靠近通风装置侧)上安装自动挡火闸。

当通过起居处所、服务处所和控制站时,厨房通风导管应构成 A 级标准,通过这些处所整个长度范围内导管的厚度应按 SOLAS 公约第Ⅱ-2 章第 R.9.7.2.4 条的规定执行。R.9.7.2.4 条规定:凡要求设置主竖区的客船,其通风机的设置,一般应使通往各处的通风导管保持在同一主竖区或水平区内;当无法做到时,对必须穿过主竖区或水平区的通风导管(不论其截面积大小),应在邻近分隔处设置挡火闸。

此外,36 人以上国际航行的客船,其梯道环围也应有独立的通风系统。

对于载运闪点不超过 60 ℃且其雷特蒸气压低于大气压的原油和石油产品的油船,其货油泵舱和货油区域内的压载舱均应设有固定的机械抽吸式通风系统,该系统不应与其他处所的通风系统相连。风机应为防爆型风机。空气导管的布置应使该处所的所有空间均能得到有效通风,从通风机排出的油气应引至开敞甲板上的安全地点。

(2)应能对通风系统进行有效的控制,包括通风机的停止和主要通风口的关闭

所有通风机应能在其服务处所的外面予以停止。

服务于机器处所的通风机的停止装置应与其他通风机的停止装置相独立。

对于 36 人以上的国际航行客船,服务于装货处所的通风机应能在装货处所外面的一个安全地点将其停止;服务于机器处所的通风机应有两套停止装置,集中在两个地点,其中一个应在机器处所的外面;除此之外的通风机(不包括在机器处所外的控制站内所设的替换供气系统),都应有两套停止装置,集中在两个尽可能远离的地点,以便在必要时能在这两个地点中的任一处关闭所有这些风机。

一切通风系统的主要进风口和主要出风口,如空调机的进风口、机械抽风系统的出风口、机械送风系统的进风口等,应能在被通风处所的外部予以关闭。

控制站内应具有同等效用的就地通风关闭装置。

---

①B 级分隔的门和门框及其锁紧装置的关闭方式所达到的耐火性应等效于该级分隔的耐火性,根据《国际耐火试验程序应用规则》而定,但允许在门的下部设置通风开口。如果这种通风开口是开在门上或门下,则任一或所有这种开口的总净面积应不超过 0.05 m²。作为该布置的替代,允许使用在居住舱室和走廊之间及卫生设施之下布设的不燃空气平衡导管,但这种导管的横截面积不得超过 0.05 m²。所有通风开口应设有不燃材料制成的格栅。

②在走廊舱壁上,可允许在居住舱室和公共处所的门上及门以下开设通风开口。还允许在通往盥洗室、办公室、厨房、储物柜和储藏室的 B 级分隔门上开设通风开口。除下列允许者外,开口应仅设在门的下半部。如这种开口是开在门上或门以下,则任一或所有这种开口的总净面积不得超过 0.05 m²。作为这种布置的替代,允许使用在居住舱室和走廊之间及卫生设施之下布设的不燃空气平衡导管,但这种导管的横截面积不得超过 0.05 m²。通风开口除设在门以下者外,应设有不燃材料制成的格栅。

三、通风管系穿越防火分隔的实施

公约要求,原则上,A 类机器处所、厨房、车辆处所、滚装处所或特种处所的通风导管不应穿过起居处所、服务处所或控制站;反之,起居处所、服务处所或控制站的通风导管也不应穿过 A 类机器处所、厨房、车辆处所、滚装处所或特种处所。除非满足公约规定的穿越要求。

(1)准许穿越的第一种情况

①通风导管由钢质或等效材料制成,且厚度满足要求;由钢制成的通风导管的厚度应满足:对有效横截面积小于 $0.075\ m^2$ 者,管壁厚度至少为 3 mm;导管有效横截面积为 $0.075 \sim 0.45\ m^2$ 者,管壁厚度至少为 4 mm;导管有效横截面积大于 $0.45\ m^2$ 者,管壁厚度至少为 5 mm。

②穿越导管有适当的支撑和加强。

③穿越导管在靠近导管穿过的限界面处设有自动挡火闸。

④穿越导管从其服务处所的边界到每个挡火闸以外至少 5 m 处按 A-60 级标准隔热。

(2)准许穿越的第二种情况

①穿越导管由薄壁导管制成。当薄壁导管的有效横截面积小于 $0.075\ m^2$,且穿越 A 级分隔时,必须在结构开口处加装管壁厚度至少为 3 mm 的钢质套管;导管有效横截面积为 $0.02 \sim 0.075\ m^2$ 者,导管和钢质套管的厚度至少为 3 mm;导管有效横截面积大于 $0.075\ m^2$ 者,应满足"准许穿越的第一情况"中的厚度要求外,还应装设挡火闸。挡火闸应自动工作,但也应能从舱壁或甲板的两侧手动关闭。挡火闸应装有指示器,用以显示其启闭状态。但是,如果导管穿过被 A 级分隔包围的处所而又不用于这些处所,只要这些导管具有与其所穿过的分隔同等的耐火性,则不要求设置挡火闸。

②穿越导管有适当的支撑和加强。

③穿越导管在其穿过的所有处所均按 A-60 级标准隔热。

(3)穿越的技术细节(见表 4-2-1 至表 4-2-4)

表 4-2-1 通风导管穿越 A 级分隔,截面积 $S \leqslant 0.02\ m^2$

防火要求	贯彻件材质、长度、厚度要求	是否隔热	是否设置挡火闸
	钢质导管或套管 $L=0.2\ m,\ t \geqslant 3\ mm$	否	否
技术细节	水平穿越示意图	竖直穿越示意图	
说明	水平穿越 $L_1 + L_2 \geqslant L$ 尽可能保持 $L_1 = L_2$	竖直穿越 应该 $L_1 \geqslant L$ 尽可能 L_2 大	

表 4-2-2　通风导管穿越 A 级分隔，截面积 $0.02\ m^2 < S \leq 0.075\ m^2$

防火要求	贯彻件材质、长度、厚度要求	是否隔热	是否设置挡火闸
	钢质导管或套管 $L=0.2\ m$，$t \geq 3\ mm$	否	否

技术细节		
	水平穿越	竖直穿越
说明	$L_1 + L_2 \geq L$ 尽可能保持 $L_1 = L_2$	应该 $L_1 \geq L$ 尽可能 L_2 大

表 4-2-3　通风导管穿越 A 级分隔，截面积 $S > 0.075\ m^2$

防火要求	贯彻件材质、长度、厚度要求	是否隔热	是否设置挡火闸
	钢质导管或套管 $L=0.9\ m$，$t \geq 4\ mm$	是（A-0 除外）	否

技术细节		
	水平穿越	竖直穿越
说明	$L_1 + L_2 \geq L$； 尽可能保持 $L_1 = L_2$； 导管为钢质，且 $t \geq 4\ m$，允许钢质贯穿件的长度 $L_1 + L_2 < L$，直至为 0。 隔热长度 $L_3 \geq 450\ m$	应该 $L_1 \geq L$； L_2 尽可能大； 若导管为钢质，且 $t \geq 4\ mm$，允许钢质贯穿件的长度 $L_1 + L_2 < L$，直至为 0

注：* 如果通风导管 $S > 0.45\ m^2$，则管壁厚度 $t \geq 5\ mm$

表 4-2-4　通风导管穿越 B 级分隔技术细节

通风导管穿越 B 级分隔，截面积 $S \leq 0.02\ m^2$			
防火要求	贯彻件材质、长度、厚度要求	是否隔热	是否设置挡火闸
	不燃材料	否	否
技术细节	（图示：钢质套管、螺旋形通风导管、钢质垫圈 $t \geq 3\ mm$（或用与舱壁相同材料制成的垫圈）、B 级舱壁、$\leq 2.5\ mm$、$50\ mm$）		

通风导管穿越 B 级分隔，截面积 $S > 0.02\ m^2$			
防火要求	贯彻件材质、长度、厚度要求	是否隔热	是否设置挡火闸
	不燃材料	否	否
技术细节	（图示：钢质垫圈 $t \geq 3\ mm$（或用与舱壁相同材料制成的垫圈）、B-0 级舱壁、螺栓、螺旋形通风导管、钢质套管 $t \geq 3\ mm$、耐火填料、钢质贯穿件 $t \geq 3\ mm$、L_1、L_2、$50\ mm$）		
说明	$L_1 + L_2 \geq L$ 尽可能保持 $L_1 = L_2$		

四、导管外表面隔热处理

对于在指定处所之外但邻近该处所，并和该处所共用一个或多个表面的导管，应视为穿过该处所，并应对其共用表面进行隔热，隔热应延伸至超过导管 450 mm。具体情况见图 4-2-2。

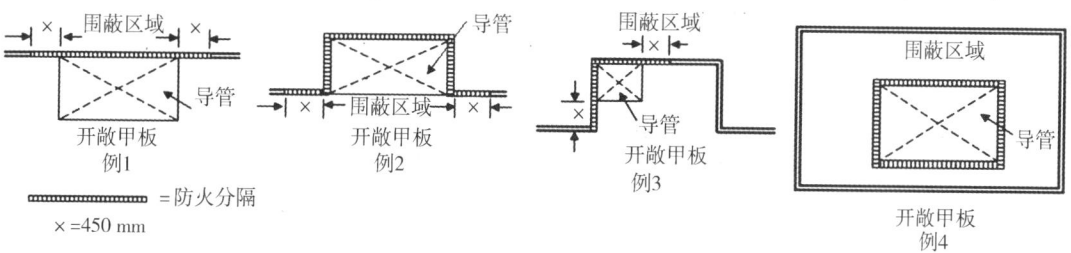

图 4-2-2　导管表面的处理方法

五、挡火闸、挡烟闸的设置

挡火闸系指安装在通风导管上的一种装置,其在正常情况下保持开启使气流进入导管,在发生火灾时关闭,防止气流进入导管,从而限制火灾的蔓延。

挡烟闸系指安装在通风导管上的一种装置,其在正常情况下保持开启使气流进入导管,在火灾时关闭,防止气流进入导管,从而限制烟气和炽热气体的蔓延。挡烟闸不能保证通风导管穿过的耐火分隔的完整性。

设置挡火闸、挡烟闸的目的是防止进入通风导管内的火焰、炽热的气流和烟雾从失火处所蔓延至其他未失火的处所。因此,挡火闸应能自动关闭或手动关闭,抑或两种功能兼而有之,视设置位置而定。自动挡火闸系指暴露于火灾中时独立关闭的挡火闸;手动挡火闸系指拟由船员在挡火闸位置手动开启或关闭的挡火闸;遥控操作的挡火闸系指由船员通过与受控闸有一定距离的操纵装置关闭的挡火闸。

无论是何种关闭方式,都应保证在分隔两侧的任一侧失火时,都能将挡火闸关闭。

在下述三种情况下,应设置挡火闸:

(1)当截面积大于 0.075 m² 的通风导管穿过 A 级分隔时(满足一定的条件时可采取替代措施);

(2)当 A 类机器处所、厨房、汽车甲板处所、滚装装货处所、特种处所使用的通风导管(不论其截面积大小)穿过起居处所、服务处所、控制站时,或反之(满足一定的条件时可采取替代措施);

(3)当通风导管(不论其截面积大小)穿过主竖区或水平区限界面时。

上述(1)、(3)两种情况设置的挡火闸应兼有自动关闭和人工关闭两种功能,并在人工关闭操纵处设置指示器,以指明挡火闸是否处于开启位置,对于穿过主竖区或水平区的通风导管设置的挡火闸,还必须具有故障安全型关闭功能;对于上述第(2)种情况设置的挡火闸,应具有自动关闭功能。

此外,对于厨房内炉灶的排气管道,若其穿过起居处所或内含有可燃材料的处所,则应在导管的下端(与集气罩邻近处)设置挡火闸。

当截面积大于 0.075 m² 的通风导管穿过 A 级分隔,而包含该分隔的环围处所不使用这一导管,只要该导管与其穿过的分隔具有同样的耐火性,可不设挡火闸,见图 4-2-3。

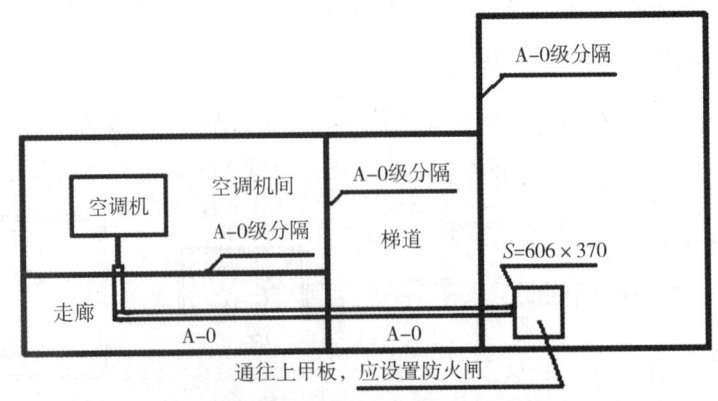

图 4-2-3　不设挡火闸的通风导管

挡火(烟)闸应按《国际耐火试验程序应用规则》进行试验,但下面两种情况除外:

（1）挡火闸（包括其相关操作装置）
但对于厨房炉灶的排气导管中位于导管下端的挡火闸不要求进行试验,该挡火闸必须是钢质的并能停止导管中的气流流动。
（2）贯穿 A 级分隔的导管贯穿件
但如钢质套管通过铆接、螺栓连接法兰或焊接直接与通风导管连在一起,则不要求进行试验。

第三节　对通风设备的检验

一、结构检验

1.位置检查
检验人员应根据通风系统布置及防火控制图、通风管路布置图或者空调管路布置图等的要求,对船舶通风系统的结构、布置进行确认。

2.结构型号检查
确认船厂选用的挡火闸型号是否与审批图纸的型号一致。核查挡火闸的功能是否满足相应通风导管布置的规定,是否为规定的手动/手动和遥控方式。
检查相关产品的产品证书,包括:（1）对于起居处所通风管穿过甲板或者舱壁的挡火闸,要求提供船级社产品证书;（2）其他挡火闸可仅提供船级社认可证书。

3.安装检查
检查通风设备安装的正确性,主要是安装位置和方向要符合批准图纸的要求。（1）通风设备必须至少能够从两个地方进行控制,其中一处必须处于被通风处所的外部;（2）通风设备的控制如为遥控,则需验证遥控功能;（3）通风设备的相关的操作标志要求符合规定;（4）检查挡火闸检修门的完整性(如适用)。

二、通风系统和挡火闸的检查、维护和保养

海安会 MSC 1/Circ.1432 号通函对于通风系统和挡火闸提出了季度检查和年度检查的要求。

1.季度检查要求
船舶每季度应测试所有挡火闸,确认其本地操作功能正常。

2.年度检查要求
（1）测试所有遥控挡火闸的遥控操作功能正常;
（2）确认厨房排气管、滤网无油脂,集油槽无过量残油;
（3）测试与消防系统互连的所有通风控制装置是否正常运行。

三、功能测试

1.手动功能
确认挡火闸能够在甲板或者舱壁的两边进行手动操作。操作手动拉索或者手柄进行手动

关闭时,阀板应能方便、灵敏、可靠地从开启状态迅速达到关闭状态,且能通过手柄复位应正常、灵活。

2. 遥控操作功能

凡具有自动关闭功能的挡火闸,电动关闭时阀板应能迅速关闭,且能通过手柄回复正常位置。

3. 确认故障安全关闭功能的动作正常(如适用)

课后练习题

1. 请对图1和图2分别进行解释,并说明其差别的原因。

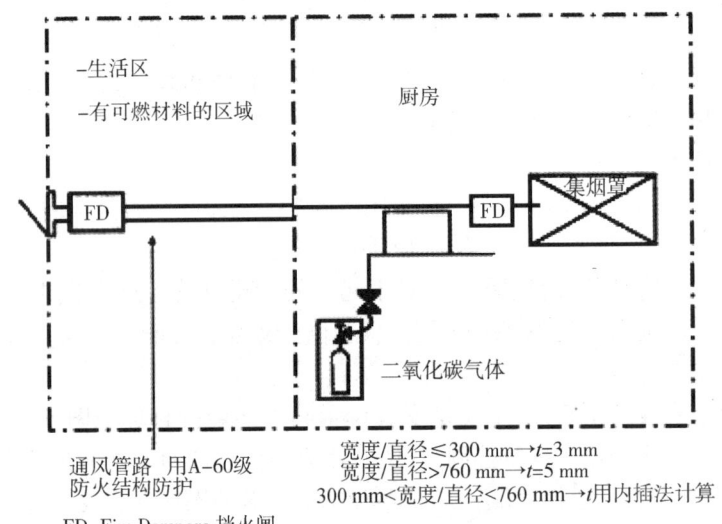

宽度/直径≤300 mm→t=3 mm
宽度/直径>760 mm→t=5 mm
300 mm<宽度/直径<760 mm→t用内插法计算

图1 某货船厨房通风管路的布置

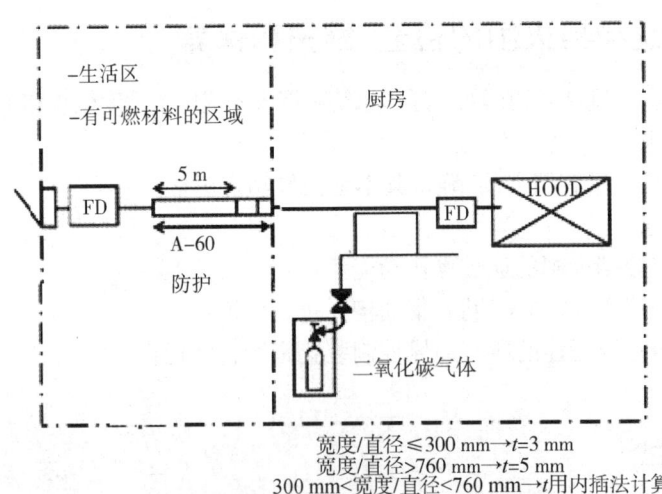

宽度/直径≤300 mm→t=3 mm
宽度/直径>760 mm→t=5 mm
300 mm<宽度/直径<760 mm→t用内插法计算

图2 某货船厨房通风管路的布置

2.图3和图4分别是什么情况？两者之间有何区别？

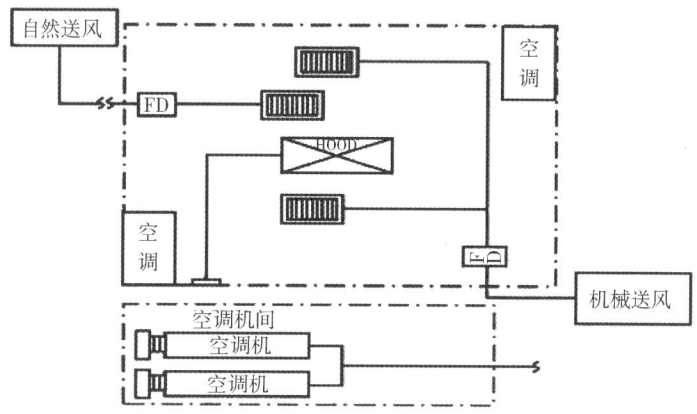

图3　某船舶厨房通风系统的布置图

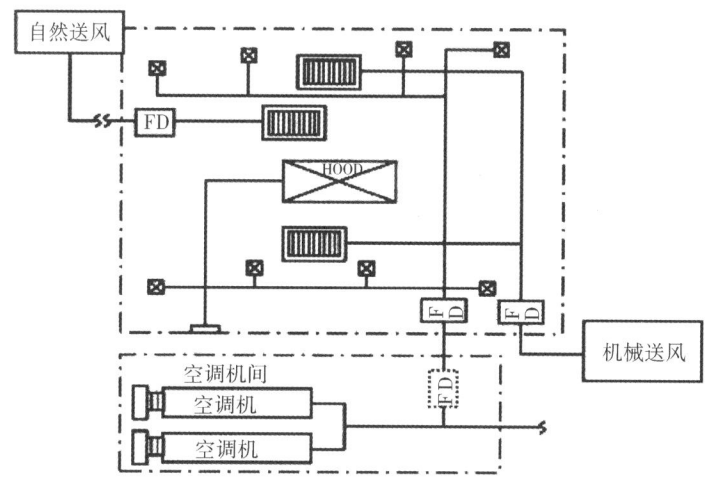

图4　某船舶厨房通风系统的布置图

第五章
脱险通道

脱险通道是指船舶发生火灾时,为让受困人员通过最短的距离抵达安全处所的通道。脱险通道的布置、数量及通道本身的保护应满足 SOLAS 公约的要求。

第一节　客船脱险通道的要求

一、一般要求

1.无论是起居处所、服务处所还是机器处所、特种处所,每一特定处所(如舱壁甲板以下的水密舱,舱壁甲板以上的主竖区等)都应至少有两个脱险通道。

2.作为脱险用的通道,首先应能通向救生艇筏或其他救生撤离系统的登乘地点,同时应具备能迅速、安全地疏散人员的要求。

3.电梯不应被视为脱险通道。

二、客船脱险通道的布置

1.乘客和船员经常使用的处所,除允许免除一个脱险通道的处所外,所有乘客和船员经常使用的处所,都应设置一个自该处所最高层或最低层甲板延伸到救生艇筏或其他救生撤离系统所处的登乘甲板的垂直梯道围壁。如果登乘甲板没有延伸到该处所(或该处所群),则梯道围壁应延伸到最上层露天甲板,然后利用外部露天梯道和露天通道或者利用内部通道(按梯道处理)形成直接通往登乘甲板的通路。

这样的梯道围壁连同通往该梯道围壁的各个通道,构成该限定处所的主脱险通道。另一脱险通道(副脱险通道)的构成虽不强求有连续的梯道围壁,但对乘客处所或使用人数较多的处所一般应设置梯道,并用耐火分隔进行保护。

在考虑副脱险通道的设置时,也应注意"便捷、安全"的原则,一般应使得利用该通道逃生的人员能仅循着一个方向便可撤离到登乘甲板。

对于要求设置主竖区的客船,每一主竖区应至少有一个垂直梯道环围的要求,往往由于船舶尺度和布置条件所限而难以满足。对于这种情况,允许用下述方法变通处理,即前、后相邻的两个主竖区合用一个垂直梯道环围。

为了保证人员能迅速撤离,除了对脱险通道的构成和布置有要求外,还要求脱险通道的宽度与使用该通道脱险的人数相匹配。

作为组成脱险通道的梯道环围,只允许公共处所、走廊、公共盥洗室、特种处所以及其他梯道和船舶外部区域有直接通向该梯道环围的出入口。对于其他梯道环围没有此项限制。

每一处所的两个或数个脱险通道应尽可能彼此远离。对舱壁甲板以下的乘客和船员经常使用的处所,应至少有一个脱险通道不利用水密门。

跨越三层或三层以上甲板的公共处所,如果内含商店、办公室、餐厅等围蔽处所,并设家具等可燃物品,则这种公共处所的任何一层应有两个脱险通道,其中之一应能直接通向围蔽垂直脱险通道。

对那些位于舱壁甲板以下,船员偶尔才会进入的处所,允许只设一个脱险通道,但这唯一的脱险通道不得通过水密门。

2.每一特种处所应至少设两个远离的脱险通道,其设置要求不低于上述1.的要求。

3.每一机器处所应设置两个尽可能远离的脱险通道,位于舱壁甲板以下的机器处所脱险通道之一必须是一条从该处所下部通向上部一扇门的钢质梯道,走出该门应有通往登乘甲板的通道;另一条应是能从该处所下部起提供连续防火遮蔽的通道,它可以是从该处所下部延伸到该处所上部出口处的梯道环围,也可以是通过该处所下部一扇可以两面操作的钢质门进入其他处所(如舵机舱等),利用这些处所作为有连续防火遮蔽的脱险通道。

对于国际航行客船,机舱集控室也应有两个脱险通道,且其中至少有一条能提供连续防火遮蔽直至机器处所外的一个安全位置。

对位于舱壁甲板以下的机器处所,只要求两个脱险通道彼此远离,若需要使用梯子,则应为钢质梯。

在下述情况下,机器处所设置脱险通道的要求可降低:①1 000总吨及以上的客船,只要该处所有一扇门或一部钢质梯即可提供抵达登乘甲板的安全通道;主管机关则在考虑了这一处所的性质、位置和是否经常有人使用后,可免除一条脱险通道,例如,不常有人的辅机处所;②1 000总吨以下的客船,若受该处所上部的宽度和布置条件所限,可免除一条脱险通道。

第二节 货船脱险通道的要求

一、一般要求

1.所有的舱室都应提供至少两个分开的和准备好的从每个限制空间或空间群中逃生的方法。

2.电梯不应被视为脱险通道。

3.如无线电台等类似处所没有直接通往开敞甲板的出口,则应有两个可供出入的脱险通道,其中之一可以为足够尺寸的窗。

4.脱险通道有关标志在公约中的要求是"脱险通道应布置灯光或荧光条形显示标志[①]",且,这些显示标志应设在甲板以上不超过 300 mm 的高度,并遍布脱险通道各点,包括拐弯和岔路口处。

5.货船(包括油船)不得设置长度超过 7 m 的端部封闭的脱险通道。

二、货船上的起居处所和服务处所的脱险通道

货船上的一切起居处所以及船员经常使用的处所,应有通往开敞甲板继而到达救生艇筏的脱险通道。特别需要注意的是:在起居处所的各层,每一受限制的处所或处所群至少应有两个远离的脱险通道;最低的开敞甲板以下的主要脱险通道应是梯道,另一个可以是围蔽通道或梯道。根据处所的部位、性质和使用人数经恰当考虑可免除一个脱险通道。

三、货船上的机器处所的脱险通道

货船(包括油船)的 A 类机器处所,均应设置两个脱险通道。通道的布置可以有两种方式:

一种是由两部尽可能远离的钢质梯,通到处所上部同样远离的门,从该门到救生艇筏的登乘甲板(货船要求至少到达开敞甲板)应有通道。其中一部梯子的通道应有钢质连续防火遮蔽,其下端应设有自闭式门。

另一种布置方式为一部钢质梯子引向上部的一扇门,从该门可以通往登乘甲板。此外,在该处所下部远离钢质梯处设有一扇能从两面开关的钢质门,由该门到登乘甲板有安全脱险通道。

货船和载客不超过 36 人的国际航行客船,在机器处所内,在每一机舱、轴隧和锅炉舱应设有两个脱险通道,其中一个可为水密门。在专设水密门的机器处所内,两个脱险通道应为两组尽可能远离的钢质梯,通至机舱棚上同样远离的门,从该处至艇甲板应设有通路。

小于 1 000 总吨的船舶,如布置有困难,上述脱险通道可免除一个。

四、货船上不同处所的脱险通道的要求

海船脱险通道的具体要求应符合 FSS 规则的规定。原则上,船舶的梯道、走廊、门道构成了完整的脱险通道体系。

所有的梯道应为钢质框架结构。一般用作脱险通道的梯道和走廊的净宽度应不小于 700 mm,并在其一侧应装有扶手。净宽度在 1 800 mm 及以上的梯道和走廊应在其两侧装有扶手。

梯道的倾斜角一般为 45°,不大于 50°,在机器处所和小处所则不应大于 60°。

通向梯道的门厅宽度与梯道相同,即梯道尺寸决定门道尺寸。脱险通道上的门一般应向

[①]这一规定是针对客船的要求,公约对货船脱险通道标志没有具体要求,但我们一般也按客船要求"300 mm 高度"的规定粘贴 IMO 逃生标志图贴。

逃生的方向开启。机器处所中应注意应急逃生通道的环围尺寸为 800 mm×800 mm,而该尺寸指的是内部尺寸。

海船的脱险通道的逃生方向是使船上人员能够安全迅速撤向救生艇筏登乘甲板。

第三节　对脱险通道的检验

船舶脱险通道的主要指标要素在船舶图纸中分布较广,工作中容易疏忽。一般来说,应在总布置图中标绘出脱险通道的布置及数量;在结构布置图中标绘出梯道、走廊、门道的开口尺寸;在门、窗、梯、盖图中标绘出梯、门的尺寸。因此,在确认脱险通道时,应注意与图纸的一致性。

现在将各要素的核算过程介绍一下。按照 SOLAS 公约第Ⅱ-2 章要求建造的脱险通道应该按照下述规范进行核准。

一、客船梯道宽度计算

1. 梯道宽度的基本要求

梯道的净宽度应不小于 900 mm,对于超过 90 人的情况,每超过 1 人则梯道的净宽度应至少增加 10 mm。经由该梯道撤离的总人数应假定为该梯道所服务区域内船员和旅客总人数的 2/3。

2. 梯道宽度计算

(1) 梯道宽度的计算原则

① 本计算方法确定每一层甲板上梯道的最小宽度,同时考虑到通向该梯道的相邻梯道。

② 核定梯道最小宽度:首先,应按照主竖区的划分,分别考虑从每一主竖区内撤离人员要求;在此基础上再考虑到使用该区域梯道的其他人员,这些人员中,有可能是从相邻主竖区进入该梯道。

③ 计算使用该梯道的总人数时,分为两种情况:第一种情况(晚上),在铺位容量最大的舱室中住满旅客;在船员舱室的船员占据最大铺位容量的 2/3;以及服务处所有 1/3 的船员。第二种情况(白天),公共处所中的旅客占据最大容量的 3/4;公共处所中的船员占据最大容量的 1/3;服务处所有 1/3 的船员;以及船员居住处所有 1/3 的船员。

④ 梯道宽度的计算应依据每一层甲板上负载的船员和旅客数而定。乘载负荷应由设计者按旅客和船员居住处所、服务处所、控制处所和机器处所的情况予以额定。就计算而言,公共处所的最大容量应按以下两个数值来定:

a. 按座位或类似布置的数目;

b. 按每人占 2 m² 的甲板表面积计算所得的数值。

(2) 梯道最小值的计算方法

① 基本原则

在考虑每种情况下能容纳及时从临近的上、下甲板撤离到集合站的人流所用梯道宽度时,应采用下列计算方法(见图 5-3-1 和图 5-3-2)确定:

当连接两层甲板时:$W = (N_1 + N_2) \times 10$ mm;

当连接三层甲板时：$W = (N_1 + N_2 + 0.5 \times N_3) \times 10$ mm；

当连接四层甲板时：$W = (N_1 + N_2 + 0.5 \times N_3 + 0.25 \times N_4) \times 10$ mm；

当连接五层或更多层甲板时，梯道宽度应通过对所考虑的甲板和相邻甲板使用上述连接四层甲板的公式来确定。

式中：W——所要求的梯道扶手间的行走宽度；

N——设计时，考虑每一相邻甲板可能使用该梯道的总人数；N_1 代表使用该梯道人数最多的甲板，N_2 代表人流直接进入该梯道人数次多的甲板；在确定每一层甲板的梯道宽度时，$N_1 > N_2 > N_3 > N_4$（见图 5-3-1）。这些甲板被假定为在所考虑的甲板或其上游（即离开登乘甲板方向）。

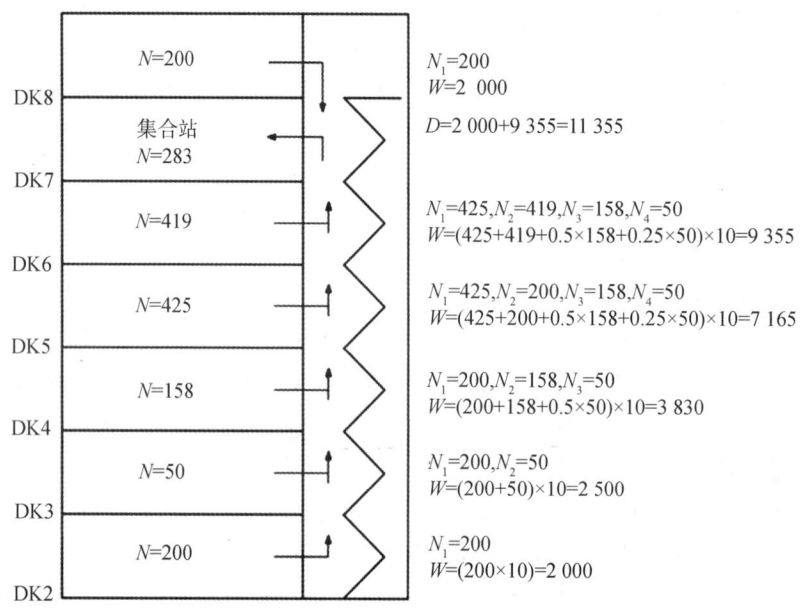

图 5-3-1 梯道计算模型

②梯道平台

如果梯道在甲板层上设有面积为 S 的梯道平台，则 W 的计算值可以减少。这种减少通过在 Z 中减去 P 来实现，在此：

$$P = S \times 3 \text{ 人}/\text{m}^2；P_{max} = \frac{Z}{4}$$

式中：Z——预计在所考虑的甲板上要撤离的总人数；

P——暂时躲避在梯道平台上的人数，该人数可从 Z 中减去，P 的最大值为 $0.25\ Z$；

S——平台面积（m²）减去开门所需要的面积，再减去人流接近梯道所需的面积（见图 5-3-2）。

除服务于公共处所直接通向梯道围的梯道平台外，每一层甲板的梯道平台（不包括中间梯道平台）的面积应不小于 2 m²。如使用该平台人数超过 20 人时，每增加 10 人应增加 1 m² 面积，但不必超过 16 m²。中间梯道平台的尺寸按照梯道的计算方法确定。

③人员分布

a. 客船上人员的分布也影响着脱险通道的尺寸。脱险通道的尺寸，应根据从梯道和通过门厅、走廊和梯道平台逃生的预计总人数进行计算,如图 5-3-3 所示。对于下述两种处所的占用情况应作分别计算。对于逃生路线的每一组成部分,所确定的尺度应不小于按每一种情况确定的最大尺度。

第一种情况:在铺位容量最大的舱室中住满旅客;在船员舱室的船员占据最大铺位容量的 2/3;服务处所有 1/3 的船员。

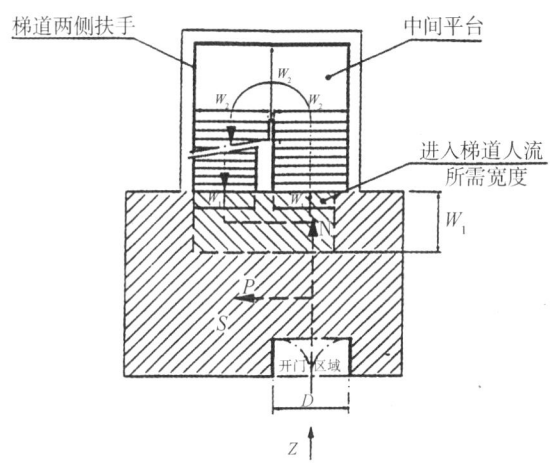

图 5-3-2　梯道平台计算

第二种情况:公共处所中的旅客占据最大容量的 3/4;公共处所中的船员占据最大容量的 1/3;服务处所有 1/3 的船员;以及船员居住处所有 1/3 的船员。

b.在仅计算梯道宽度时,某一主竖区内容纳的最大乘员数,包括从另一主竖区进入梯道的人员,不应假定为高于船舶的核定载客人数。

(3)禁止减少通向集合点/站梯道的宽度

向集合点/站方向撤离的梯道宽度不得减少;如果一个主竖区内有几个集合点/站时,向最远的集合点/站方向撤离的梯道宽度不得减少。

二、梯道的细节

1.扶手
梯道的两侧应安装扶手。扶手间的最大净宽度为 1 800 mm。

2.梯道走向
所有尺度供 90 人以上使用的梯道应为艏艉方向。

3.竖向高度和倾斜度
不带楼梯平台的梯道的竖向高度不应超过 3.5 m,倾斜角不应大于 45°。

4.梯道平台
除服务于公共处所直接通向梯道环围的梯道平台外,每一层甲板的梯道平台(不包括中间梯道平台)的面积应不小于 2 m²。如使用该平台人员数超过 20 人时,每增加 10 人,面积应增加 1 m²,但不必超过 16 m²,图 5-3-3 为公共处所承载负荷计算方法。

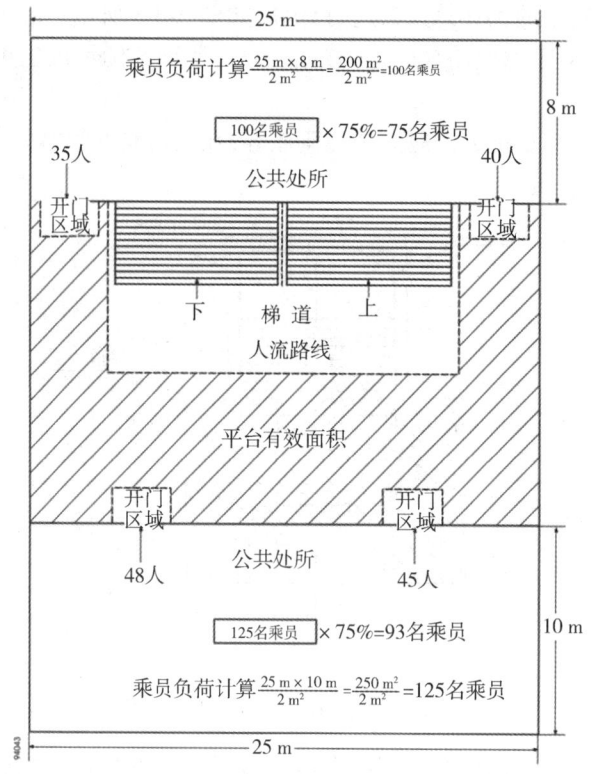

图 5-3-3　公共处所承载负荷计算

三、门厅和走廊

门厅和走廊以及脱险通道内的中间平台的尺度应与梯道同样处理。通向集合点/站的梯道出口门的合计宽度应不小于为该层甲板服务的梯道总宽度。

1. 分别阐述客、货船脱险通道的布置要求。
2. 简述客船脱险通道的设计原理。

第六章
船舶消防器材

船舶配备的消防器材不仅种类多,而且对维护船舶的安全作用很大。船用消防器材主要包括船用灭火器材、消防员装备、紧急逃生呼吸装置、灭火毯等。

第一节 船用灭火器材的配备

灭火器因其灵巧轻便、操作简单以及可以移动应急的特点而成为各类型船舶常用必备的灭火器材,其主要用来扑救或控制初期的火灾。

SOLAS 公约要求:不准使用灭火剂本身或使用灭火器时会发出一定数量的毒气足以危害人身安全的灭火器。

一、船用灭火器材简介

灭火器除可根据灭火剂的不同命名外,还可以根据驱动方式,分为贮压式和驱动气瓶式;根据容积大小分为手提式灭火器和轮式灭火器(推车式灭火器)。

1. 可携式灭火器

FSS 规则要求:可携式灭火器(portable extinguisher)可分为手提式灭火器(handy extinguisher)和推车式灭火器(wheeled extinguisher)。手提式泡沫灭火器的容量应少于 9 L。根据这个要求,船级社也做出了等效替代的规定。即重量为 5 kg 的干粉和二氧化碳灭火器的灭火性能相当于 9 L 泡沫灭火器的灭火性能,但是其总重量不得超过 23 kg。

SOLAS 公约规定:在 A 类机器处所、滚装处所内应设置推车式泡沫灭火器及其等效物。推车式泡沫灭火器有两种规格:45 L 和 130 L。45 L 推车式泡沫灭火器配备于船舶主机附近,130 L 推车式泡沫灭火器配备于船舶锅炉附近。

2. 手提式泡沫枪

手提式泡沫枪(又称可携式泡沫装置)应包括 1 具能用消防水带连接于消防总管的吸入式空气泡沫枪;1 只至少能盛装 20 L 泡沫液的可携式容器和 1 只同体积的备用容器。泡沫枪应能产生适合于扑救油类火的有效泡沫,在消防管系的标称压力下,泡沫液的流量至少为200 L/min。

该装置主要是放置在 A 类机器处所内及特种处所的甲板上的存储箱内,遇火灾发生时能够利用消火栓供水施放出泡沫去扑救火灾。

3.水雾枪

水雾枪(fog applicator)为一支 L 形低流速水雾喷射设备。其长端有接头能够与消防水带连接;短端装有 1 支固定的水雾枪或者能够接上 1 支水雾枪;用它可以扑灭花铁板下或狭窄处的火灾。水雾枪与固定式灭火系统中的两用水枪的开花模式是完全不同的。

二、灭火器材的配置

按照 SOLAS 公约的要求,船舶在其各部位应配备足够数量的可携式灭火器,以备在发生火情后,能及时地针对火场实施扑救。

1.手提式灭火器配备的数量要求

国际海事组织通过 MSC/Circ 1275 号通函"SOLAS 公约第Ⅱ-2 章关于船上手提式灭火器的数量和布置的统一解释"明确了船舶灭火器的配备。

在"SOLAS 公约第Ⅱ-2 章关于船上手提式灭火器的数量和布置的统一解释"中,明确"船上起居处所、服务处所、控制站、A 类机器处所、其他机器处所、货物处所、露天甲板和其他处所的手提式灭火器的数量和布置"可按表 6-1-1 执行。

在船舶上,手提式灭火器的布置建议如下布置:

(1)在公共处所和工作间内,手提式灭火器应布置在主要入口和出口处或这些出入口的附近。

(2)当一个处所在无人值班时将被锁闭,则该处所的手提式灭火器可保存在处所内,也可保存在其外部。

(3)适用的船舶,确定备用灭火器或备用灭火剂时,可按以 MSC/Circ.1275 号通函确定的船上应配手提式灭火器总数为依据。备用灭火器或备用灭火剂应存放在环境适宜的专门储藏室内,该室应有相应标识。对于着火危险大的处所,如 A 类机器处所、厨房等,备用灭火器也可直接布置在该处所内,但布置应适当并予以固定。

表 6-1-1 船舶手提式灭火器的数量和布置表

处所类型		灭火器最低数量要求	灭火类别
起居处所	公共处所	每 250 m^2 甲板面积或不足,配 1 具灭火器	A
	走廊	每层甲板或者每个主竖区内,每个灭火器间的距离应不大于 25 m	A
	梯道	0	
	盥洗室、居住场所、办公室、无烹调设备的配餐室	0	
	医务室	1 具	A

续表

	处所类型	灭火器最低数量要求	灭火类别
服务处所	洗衣干燥间、配有烹调设备的配餐室	1具	A 或 B
	储藏室或物料间(甲板面积大于或等于4 m²)、邮件和行李室、贵重物品室、工作间(不是机器处所、厨房的一部分)	1具²	B
	厨房	对设有深油炸锅的厨房,1具能扑灭B类火灾的灭火器和1具附加的能扑灭F类或K类火灾的灭火器	B、F 或 K
	储藏室或物料间(甲板面积小于4 m²)	0	
	存放易燃物品的其他处所	根据SOLAS公约第Ⅱ-2章/10.6.3	
控制站	控制站(非驾驶台)	1具	A 或 C
	驾驶台	2具,如果小于50 m²,仅要求配备1具灭火器³	A 或 C
A类机器处所	推进装置的集中控制站	1具,当主配电板布置在集控室,应再增加1具适合的灭火器,扑灭电器火	A 或 C
	主配电板附近	2具	C
	工作间	1具	A 或 B
	带有燃油惰性气体发生器、焚烧炉和废物处理装置的围蔽处所	2具	B
	带有燃油净化器的单独围蔽处所	0	B 或 C
	周期性无人值班的A类机器处所	每个入口处1具¹	B
其他处所	构成机器处所一部分的工作间和其他机器处所(辅机处所、电器设备处所、自动电话交换室、空调处所和其他类似处所)	1具	B 或 C
	露天甲板	0⁴	
	滚装处所和车辆处所	在每个甲板面,任何一点到达1具灭火器的步行距离不大于20 m⁴,⁵	B
	货物处所	0⁴	
	液货泵舱	2具	B
	直升机甲板	根据SOLAS公约第Ⅱ-2/18.5.1要求	B

注:1.对于小处所,所要求的手提式灭火器可位于该处所外部且位于处所入口附近处。
 2.对于服务处所,虽位于该处所外部,但位于该处所入口附近处的手提式灭火器,可视为该处所要求配备的手提式灭火器。

3.如果驾驶台与海图室相邻并有直接通向海图室的门,不要求海图室中布置附加的灭火器。如客船的安全中心位于驾驶台限界面内时,也同样适用。

4.如果在露天甲板、开式滚装处所和车辆处所以及货物处所(适用时)载运危险货物时,应布置2具,每具容量不少于6 kg干粉或等效物的手提式灭火器。在液货船的露天甲板上,应设有2具具有适当容量的手提式灭火器。

5.如果开放或封闭的集装箱内装载油箱内备有自用燃料的机动车辆,集装箱船的货舱内不需设有手提式灭火器。

2.其他灭火器材的布置

大型泡沫灭火器及其等效物、手提式泡沫枪、水雾枪等灭火器材的配备及布置见表6-1-2。

表 6-1-2 国际航行船舶灭火设备配备及布置表①

种类＼地点	载客超过36人客船的每一A类机器处所	机器处所			特种处所及除特种处所外用于载运油箱中备有燃料的机动车辆的装载处所	滚装处所
		设有燃油锅炉或燃油装置的A类机器处所	设有内燃机的A类机器处所	功率不小于375 kW的汽轮机处所		
手提式泡沫枪		每一锅炉舱内至少设置1套	每一锅炉舱内至少设置1套			
大型泡沫灭火器		每一锅炉舱内设1具,容量至少为135 L②	足够数量,每具容量至少为45 L②。对于机器处所平台,应有1具	足够数量,每具容量至少为45 L②	1具,但船上应备有供特种处所使用的至少2具	1具,但船上应备有供滚装处所使用的至少2具
水雾枪	每一A类机器处所至少设有2具				每一特种处所至少设有3支(包括高速船)	每一滚装处所至少有3支

注:①该处的灭火设备主要包括手提式泡沫枪、大型泡沫灭火器(有时也被称为泡沫背桶)、水雾枪;②如果设有符合要求的固定式灭火系统,且至少具有等效的保护,则可以不设灭火器。

第二节　灭火器材的检查维护和保养

一、手提式灭火器的检查、维护和保养

1.说明和记录

船上应备有船用便携式灭火器制造商给出的充装说明。对于船员的充装,应做好记录,并应保存检查、维护和测试记录,表 6-2-1 为常见可携式灭火器的检验、维护保养要求表。

表 6-2-1　常见可携式灭火器的检验、维护保养要求表

灭火器类别	检查		灭火剂更换	液压试验	备用灭火剂/灭火器
	船上	岸基			
清水	①海安会通函 MSC 1/Circ. 1432 ②IMO.A951(23) ③主管机关要求 ④公司 PMS	年检	永久承压: 2 年 非永久承压: 5 年	永久承压: 5 年或压力下降10% 非永久承压: 10 年	充装类:前 10 个提供 100% 灭火剂和驱动气瓶,其余则为50%
泡沫					
干粉					非充装类:前 10 个提供 100% 灭火器,其余则为50%
二氧化碳					
驱动气瓶				5 年	

2.年度测试和检查

(1)服务和检查可由船舶高级船员(由公司指定),根据安全管理体系中的专门维护计划进行。除以下指南外,还应考虑制造商的说明。船上维修和检查仅限于非永久加压灭火器。

(2)永久加压灭火器的维修和检查应在岸上维修机构进行。

(3)检查时,将水和泡沫灭火剂转移到干净的容器中。如果要重复使用,请检查是否仍适合重复使用,并检查所有灭火器钢瓶。

(4)如果干粉灭火剂需要重新加注,应确保加注的干粉灭火剂能自由流动,没有结块或异物。

(5)检查气瓶是否损坏和腐蚀。

(6)船舶备用灭火器,或者灭火剂及驱动钢瓶的数量应符合要求。

年度测试和检查操作要求,见表 6-2-1。

3.5 年检验(特检或换证检验)

作为消防演习的一部分,应从船舶上同类型同批次的灭火器中至少选择一个进行操作测试。

(1)定期检查和释放测试后的检查应包括以下内容:

①通过吹通瓶头阀中的出气孔和灭火剂喷出通道,证明通道畅通。检查软管、喷嘴过滤器、排放管和通气阀(如适用)。检查操作和释放控制装置,并根据需要进行清洁和润滑。

②检查安全销是否可拆卸,是否未损坏。

③检查钢瓶损坏和腐蚀情况。称量驱动气瓶,以确定其在规定范围内。

④检查 O 型密封圈并更换软管垫片(如安装)。

⑤进行灭火器内部检查,检查是否腐蚀和老化。检查驱动气瓶是否泄漏或损坏。

⑥检查各阀体,并注意内部是否有腐蚀和老化。
(2)充灌后的检查应包括以下内容:
①按照制造商的说明进行充灌。
②按照制造商的说明重新组装灭火器。
③填写维护标签上的条目,包括总重。
④检查安装支架和底座。
⑤填写灭火器维护报告。

4.10 年检验

释放操作试验后的检查应包括以下内容:
(1)完成换新检验要求的定期检查和释放测试检查以及充灌后检查项目。
(2)通过吹通瓶头阀中的通风孔和通风装置,证明通道畅通。检查软管、喷嘴过滤器、排放管和通气阀(如适用)。检查操作和排放控制。根据需要对相应设备进行清洁和润滑。
(3)检查安全销是否可拆卸,是否未损坏。
(4)检查损坏和腐蚀情况。称量驱动气瓶,以确定其在规定范围内。
(5)检查 O 型密封圈并更换软管垫片(如安装)。
(6)检查阀体,内部检查是否有腐蚀和衬里退化。
(7)灭火器和推进剂药筒应按照制造商的说明进行液压试验。如果,永久耐压的便携式灭火器压力损失超过标称压力的 10%,在重新充气之前,应对灭火器进行静水压测试。

在法定检验期间,检验人员(验船师)可要求进行水压试验,手提式灭火器和驱动气瓶水压试验的压力要求见表 6-2-2 表。

测试要求和测试压力应在二氧化碳灭火器气瓶和推进剂筒上打上钢印。对于除二氧化碳以外的其他类型的灭火器,测试日期和测试压力应记录在灭火器的标签上。

为确保船舶的灭火能力,船舶除按照防火控制图配备灭火器外,还需按照图纸标注的灭火器的类型,储备相应数量的灭火器或灭火剂;如果配备灭火剂,还需配备等量的驱动气瓶,具体要求见表 6-2-1。

表 6-2-2 手提式灭火器和驱动气瓶水压试验的压力要求表

项目		试验压力
灭火器类型	水	至少 1.5 倍工作压力
	泡沫	如果工作压力不明,则取 2 N/mm^2
	干粉	
	卤代烷	至少 25 N/mm^2 工作压力
	二氧化碳	
驱动气瓶	一般原则	至少 2 倍工作压力
	装有安全装置的二氧化碳气瓶	25 N/mm^2
	未装有安全装置的二氧化碳气瓶	35 N/mm^2

二、推车式灭火器的检查、维护和保养

1. 每月测试和检查
确认所有推车式灭火器均已就位、布置妥当,处于可用的状态。

2. 年度测试和检查
(1)按照制造商的说明进行定期检查;
(2)目视检查所有可触及部件的状况是否正常;
(3)检查每个气瓶的水压试验日期;
(4)对于干粉灭火器,颠倒灭火器以搅拌粉末。

3. 5年检验(特殊检验或换证检验)
目视检查同一年制造并存放在船上的每种灭火器至少一个。

4. 10年检验
所有灭火器和驱动气瓶应符合公认标准或制造商批准的维修和测试标准。

三、手提式泡沫枪的检查、维护和保养

1. 每月测试和检查
确认所有的手提式泡沫枪布置合理、处于可用的状态。

2. 年度测试和检查
(1)检查所有手提式泡沫枪配备的浓缩泡沫液的混合比匹配,并且数量满足要求;手提式泡沫枪设备正确布置,并处在可用状态。

(2)核查所有装有浓缩泡沫液的便携式容器或便携式罐体保有的制造厂密封标签,确认标签标识的有效日期不超过制造商推荐的使用寿命间隔。

(3)通常装有浓缩泡沫液的便携式容器或便携式罐体使用期限未超过10年(除了含蛋白质基浓缩液之外),并且制造商的密封标签完整;在此情况下,泡沫液可以不必按照国际海事组织海上安全委员会(简称海安会)MSC.1/Circ.1312号通函进行定期试验。

(4)装有蛋白质基的浓缩泡沫液的便携式容器和便携式罐体应彻底检查,如果超过5年,泡沫液应按照海安会 MSC.1/Circ.1312 号通函进行定期试验或换新。

(5)任何非密封的泡沫浓缩液的便携式容器和便携式罐体,且便携式容器和便携式罐体的生产数据没有记录的,则应按照海安会 MSC.1/Circ.1312 号通函进行定期试验。

(6)对于水雾枪,由于其结构和性能相对简单和稳定。所以检查主要包括根据防火控制图检查其配置数量和位置是否符合要求。

第三节 消防员装备

一、消防员装备的介绍

消防员装备是保护在火场中执行搜救任务的消防员人身安全的重要装备品,它不仅是火

灾救助现场不可或缺的必备品,也是保护消防员身体免受伤害的防火用具。确保消防员安全地进入火场对受困人员进行搜救、探察火情和灭火行动等。

根据《国际消防安全系统规则》(FSS规则)规定:消防员装备包括一套消防员个人装备、一副正压式空气呼吸器和一根耐火救生绳。

1. 消防员个人装备

消防员个人装备包括:防护服、长筒靴、头盔、可携式消防斧、认可型安全电灯。

(1)防护服

防护服由上衣、裤子、手套、头罩和鞋罩组成。FSS规则要求:防护服的材料应能保护皮肤不受火焰热辐射及灼伤和蒸汽烫伤,其外表面应能防水。

(2)长筒靴

长筒靴由橡胶或其他绝缘材料制成。

(3)头盔

头盔应为硬质的,应该坚固耐用,能对撞击提供有效保护。

(4)可携式消防斧

可携式消防斧必须是高压绝缘手柄的斧头。长柄消防斧是一种重型的带有尖头的组合式斧头,通常被称为"船斧"。现代船舶多配备短柄消防斧。

消防斧的斧头刃口较锋利,可用来割断电缆,尖端可用来撬开门上的锁头,甚至可以撬开船上的舱壁门,以打开救援通道。

(5)认可型安全电灯(手提灯)

认可型安全电灯照明时间至少为3 h。在液货船上使用的和拟用于危险区域的安全电灯应为防爆型。

2. 正压式空气呼吸器

SOLAS公约规定:船舶配置的正压式空气呼吸器的气瓶应至少存储1 200 L的空气,并且呼吸器的所有气瓶都应能够互换使用。

正压式空气呼吸器主要由高压空气瓶、全面罩及调节阀、余压报警器等组成。

SOLAS公约和FSS规则,增加了"关于消防呼吸器性能和双向便携式无线电话设备要求"[①],该要求规定:

(1)呼吸器应安装声音、视觉或其他报警装置,当气瓶内气体存储量减少到不少于200 L时能够警示使用者。该规定适用于2014年7月1日后建造(安放龙骨)的船舶,其他船舶需在2019年7月1日前满足该规定。

(2)所有于2014年7月1日或者之后建造的船舶,应为每一消防小组配备至少两台双向便携式无线电话设备以确保消防员之间可进行良好通信。这些双向便携式无线电话应该具有防爆功能或者是本质安全型设备。

3. 耐火救生绳

每一正压式空气呼吸器都应配有一根长度至少为30 m的耐火救生绳。耐火救生绳应能够通过5 min的3.5 kN静载荷认可试验。耐火救生绳应能够用卡钩系在呼吸器的背带上,或系在一条单独的系带上,以防止在使用耐火救生绳时与呼吸器脱开。它的主要作用有两个:显

---

①经国际海事组织(IMO)MSC.338(91)和MSC.339(91)决议通过并采用的《国际海上人命安全公约》和《国际消防安全系统规则》2014年修订案已于2014年7月1日开始生效。

示来时的通道路径和在应急时作为搜救联系工具。

二、配备要求及检查

每艘船舶至少配有两套消防员装备,存放在易于取用之处。船舶上配备的消防员装备通常包括两种类型:一类是传统的符合 SOLAS 公约标准的消防员装备,详见表 6-3-1,通常我们称为铝箔服;另一类为满足美标或欧标的消防员装备。

表 6-3-1 SOLAS 公约对国际航行船舶配备消防员装备的要求

船舶类型	设有乘客处所和服务处所的甲板
客船	至少 2 套,且在任一位置可即刻获得至少 2 套消防员装备和 1 套个人装备。 1.按其最大的乘客处所和服务处所的总长度,每 80 m 或其零数备有 2 套消防员装备和 2 套个人装备; 2.对载客超过 36 人的船,每一主竖区内应另增加 2 套消防员装备,每具呼吸器应设有 1 支水雾枪; 3.可根据船舶大小和类型增加个人装备和呼吸器数量
油船	至少 4 套,根据船舶大小和类型还需增加个人装备和呼吸器数量
货船	至少 2 套,根据船舶大小和类型还需增加个人装备和呼吸器数量
高速船	除 A 类客船以外的所有船舶应至少配备 2 套消防员装备。 对于 B 类客船: 1.按其乘客处所和服务处所的总长度或这种甲板,如多于一层,按其最大的乘客处所和服务处所的总比度,每 80 m 或其零数备有 2 套消防员装备和 2 套个人装备 2.每具呼吸器应设有 1 支水雾枪,存放在呼吸器相邻处; 3.可根据船舶大小和类型适当增加数量,在客船上,应在任一控制站获得至少 2 套消防员装备和 1 套个人装备
平台	至少 2 套消防员装备和 2 套个人装备; 消防员装备应易于到达并随时取用,如适用,其中 1 套装备应存放在直升机甲板的附近

注:零数:表示不足 80 m 的以 80 m 计。

第四节　其他消防器材

一、紧急逃生呼吸装置(EEBD)

紧急逃生呼吸装置在船舶上被称作 EEBD(emergency escape breathing device)。紧急逃生呼吸装置仅用于逃离有毒气体舱室时使用。紧急逃生呼吸装置应能保证使用人员至少 10 min 的使用时间。船舶上的紧急逃生呼吸装置提供给使用者的是空气。

紧急逃生呼吸装置不是消防器材,不应用于灭火或由消防员穿戴进入缺氧舱室或其他危险舱室。

1.紧急逃生呼吸装置的组成

紧急逃生呼吸装置由压缩气瓶、压力表、减压阀、输气导管、防火头罩组成。这些组件整合在一个挎包中。

压缩气瓶的容积一般有 2.2 L 或 3 L 两种;工作压力为 21 MPa[①]。压缩气瓶上装配有气瓶阀。气瓶阀是释放空气和充装压缩空气的控制阀,其上装有压力表。正常存放期间压力表不显示气瓶内的压力。

减压阀能将气瓶内的高压空气降为 0.5 MPa 的中压,并且能够将中压气体流量控制在不小于 35 L/min 的稳流状态,输送到头罩内供人呼吸使用。

输气导管通过一端的快速插头连接减压阀,另一端连接头罩进气分散器接头。输气导管向头罩内输送经减压的压缩空气。

防火头罩由阻燃、抗渗水、抗热辐射的材料制作,具有隔热和防火功能,经密闭处理,将人体头部、颈部罩盖保护在其内与外界隔离,免受危险气体、高温的伤害。头罩上有一个清晰宽阔、明亮的视窗。头罩内进气口上装有进气分散器,使气体吹向透明视窗,既可消除视窗上的雾气,又将新鲜空气吹到口鼻部位附近,供人员呼吸。

存放和携带紧急逃生呼吸装置的用具是挎包。挎包由阻燃材料制作。袋口采用快捷的尼龙搭扣,挎包的外表面上有穿戴示意图、使用时间提示和维护保养要求等。

2. 紧急逃生呼吸装置的配备

SOLAS 公约 2000 年修正案第 Ⅱ-2 章规定,2003 年 7 月 1 日或以后建造的所有船舶,应按 13.3.4 和 13.4.3 条在起居处所和机器处所配置紧急逃生呼吸装置,且应符合《国际消防安全系统规则》相关要求。

表 6-4-1 SOLAS 公约对紧急逃生呼吸装置的配备要求

	A 类机器处所(有人值班)		其他机器处所(有人值班)	起居处所	备用数量	训练用
	设有用于主推进的内燃机	设有用于非主推进的内燃机				
货船	(1)位于机器处所内的机器控制室:1 具;工作间 1 具(但若有通向脱险通道的直接通道则不需要);每一层甲板或平台的靠近脱险梯道处(此脱险梯道构成在机舱底部的环围脱险通道或水密门之外的另一处脱险通道):1 具;或 (2)EEBD 的数量和位置也可根据机舱的布局、人员情况配备确定,但至少应有 2 具	每一层甲板或平台的靠近脱险梯道处(此脱险梯道构成在机舱底部的环围脱险通道或水密门之外的另一处脱险通道):1 具	至少 1 具	2 具	1 具	1 具
载客不超过 36 人的客船	同上	同上	同上	每一主竖区内配 2 具	2 具	1 具
载客超过 36 人的客船	同上	同上	同上	每一主竖区内配 4 具	2 具	1 具

[①] 紧急逃生呼吸装置是根据国际海事组织海安会第 98 届会议第 73 号决议案[MSC.98(73)]要求配备的,并于 2002 年统一列于《国际消防安全系统规则》中,其后 ISO 23269—1, GB 32087.1—2015 都对其进行了规范。在上述规范中并未对气瓶压力做出明确要求,只是对其使用时间做出了规定,即不少于 10 min。

二、灭火毯

灭火毯有玻璃纤维及纺织品等多种,平时装在包装袋内,放在船上适宜的部位。存放灭火毯的包装袋上须涂上醒目的颜色(红色),以引起人的注意。

使用时,只要将其展开覆盖于小型燃烧物上,就能达到窒息灭火的目的。

三、消防员装备和 EEBD 的检查

(一)消防员装备检查

1.每月测试和检查

每月测试和检查包括清点消防员个人设备的存储情况;设备是否处于随时可用状态。

2.正压式空气呼吸器的备用要求

如表 6-4-2 所示为每具正压式空气呼吸器配备的备用钢瓶数量。

表 6-4-2　每具正压式空气呼吸器配备的备用钢瓶数量

船舶类型	备用数量要求
未配备专用充气设备的货船	2 瓶
配备专用充气设备的货船	1 瓶
载客小于 36 人的客船	1 瓶
载客多于 36 人的客船	至少 2 瓶

3.每周测试和检查

正压式空气呼吸器(SCBA)的一般检查,通过查验气瓶压力表,以确认其是否处在正常压力范围内。

4.年度测试和检查

(1)如果船舶配备有充气装置,则充气的质量检测应由具有检测资质的实验室完成;

(2)检查正压式空气呼吸器面罩和供气阀是否完好;

(3)根据制造商的说明检查正压式空气呼吸器。

5.5 年检验(特检或换证检验)

(1)钢瓶应在制造商和/或认可机构规定的试验压力下,在批准的岸上维修站进行试验;

(2)应在批准的岸上维修站,按照制造商和/或认可机构规定的时间间隔和试验压力下,对气瓶和复合气瓶进行试验。

(二)紧急逃生呼吸装置检查

1.维护和记录

应由船员按照制造商的指示进行维护保养,并应妥善保存检查和维护记录。

2.每周测试和检查

对 EEBD 进行全面检查,包括气瓶压力表,以确认它们处于正确的压力范围内。

3.年度测试和检查

根据制造商的说明检查 EEBD。

4.静水压试验

静水压试验应按照制造商规定的时间间隔在岸基实验室进行检验,并记录和保存试验结果。

5.检查中注意事项

(1) EEBD 应按照防火控制图中标明的位置布置并确保随时可用,检查训练用 EEBD 是否与其他的分开,并适当地做好标识。

(2) 用工作语言制作的简要使用说明和示意图清晰地粘贴在 EEBD 上。以便穿戴的程序既快捷又简单,以便使消防员能在最短的时间内从危险气体环境中获得安全保护。

(3) 气瓶的压力应保持在正常范围。应根据维护保养计划对其进行保养,使其处于随时可用状态。船员经过培训能熟练使用 EEBD。

(4) 船上 EEBD 数量满足公约要求。

课后练习题

1.可携式灭火器材的配备要求和检验要求。

2.请简述消防员装备和紧急逃生呼吸装置的检查方法。

第七章
火灾的探测和报警

第一节　自动火灾探测报警系统

每一条在航船都是有火灾隐患的,并且无法预测火灾隐患何时会转变成现实的危险。这就需要随时监测船舶的火灾隐患;能够完成这个任务的设备就是船舶火灾探测报警系统。船舶火灾探测报警系统的功用在于尽早发现初期火灾并发出警报。通过警报呼唤人员及时到火灾现场进行扑救,最大限度地减少因火灾造成的损失。

按照国际公约,火灾探测报警系统分为两类:固定式火灾探测报警系统和抽烟取样式火灾探测报警系统。

一、固定式火灾探测报警系统

现代船用固定式火灾探测报警系统,可分为分区型和寻址型两种。其保护区域主要包括驾驶台、船员起居处所、服务处所、控制站以及机舱等区域。

分区型火灾探测报警系统中探测器都并联在一起,当分区正常工作时,终端电阻中有监测电流流过;如果分区中,某一个探测器脱落或电缆断线时,终端电阻中不再有电流。火警中央装置可根据分区中的电流大小,判断分区处于正常、报警还是故障状态。

寻址型也被称为智能型。智能型火灾探测报警系统中的探测器、手动报警按钮可以根据在整个系统中所处的位置,被赋予一个固定的物理地址。这个地址可以随时被探测。并且这个探测器一旦报警或出现故障,也可被显示。寻址型火灾探测报警系统的一个环路可覆盖多层甲板。

固定式火灾探测报警系统主要包括控制器单元、探测器、手动报警按钮等;其他辅助设备包括电源、继电器箱、复示器及隔离器。

1.控制器单元

固定式火灾探测报警系统的控制器单元,一般安装在驾驶台内。控制器单元一般具有火灾报警功能、火灾报警控制功能、系统故障报警功能、自检功能等;固定式火灾探测报警系统通过与通用紧急报警系统、广播系统相连接,可以实现全船多手段报警。

2.探测器

探测器是火灾自动探测设备,安装于被保护处所。探测器按其敏感元件的反应原理一般分为感温、感烟、感光等几类。随着气体探测技术的发展,探测一氧化碳气体的探测器也已在船舶上应用。

(1)感温探测器

物质在燃烧过程中释放出大量的热,使环境温度升高;因此,感温探测器中的热敏元件发生物理变化,从而将温度信号转变为电信号传输给火灾报警控制器,发出火警报警信号。感温探测器分为线型和点型两种结构,船舶多使用点型。感温探测器按其传感器的机械结构不同可分为电子式(热电偶、热敏半导体电阻)和机械式(双金属片、易熔金属)两类。同时又根据传感器的响应特性分为定温探测器(设定报警温度)、差温探测器(设定温升率)和差定温探测器(两种工况,分别对应设定温度和温升率)。根据船舶不同处所的需要,选择不同类型的感温探测器。感温探测器分类,如表7-1-1。

定温探测器适用于温度变化不大的舱室,如起居处所、储藏室等。定温探测器的选择根据舱室的温度选配。

表 7-1-1 感温探测器分类

探测器类别	典型应用温度/℃	最高应用温度/℃	动作温度下限值/℃	动作温度上限值/℃
A1	25	50	54	65
A2	25	50	54	70
B	40	65	69	85
C	55	80	84	100
D	70	95	99	115
E	85	110	114	130
F	100	125	129	145
G	115	140	144	160

差温探测器适用于温度变化较大地处所,如厨房、配餐间等。当温升率小于 1 ℃/min,探测器的动作温度应该不低于 54 ℃,但不能高于 78 ℃。但是对于干燥间和桑拿房,应选用标定温度较高的感温探测器,在干燥间可达 130 ℃,在桑拿房可达到 140 ℃。

兼具差温、定温两种功能的感温探测器被称为差定温探测器。当安装于温度缓慢变化的舱室时,探测器可设定为定温探测器。当安装于温度变化迅速的舱室时,探测器可设定为差温探测器。例如,某感温探测器的标识,如表7-1-2所示。

表 7-1-2 某感温探测器的标识

电压	总线 24 V
产品类别 P	☑A1R ☞BS
软件版本号	V1.0
执行标准	GB 4716—2005 PASS

GB 4716—2005 规定:对于可现场设置类别的探测器,在产品标志中需用 P 标出,并应标

出所有可设置的类别。根据表 7-1-2 中所给数据,本探测器默认为 A1R,但是可现场设置为 BS。R 代表该探测器具有差温功能,S 代表定温功能。现场设置需要在探测器的编码器上进行。完成设置后,需进行测试,确定探测器报警功能正常。

感温探测器的缺点,就是其具有很高的热惯性,也就是火场温度升高与报警之间存在时间差。这意味从着火开始,需要一些时间和足够的热量来触发感温探测器。

(2)感烟探测器

常见的可燃物火场具有各种不同特点,但初期的特点就是没有明火,但是有烟雾生成。当物体燃烧时,就会向空气中散射粒径为 0.01~10 μm 的固体和/或液体颗粒,这些在空气中浮游的颗粒被称为烟雾。粒径不足 0.3 μm 的不散射光,肉眼看不到;粒径在 0.3 μm 以上的则可使光散射,肉眼可以看到。在烟雾中,粒径在 0.1~2.0 μm 的粒子最多。感烟探测器就是探测可见或不可见的由燃烧而产生的烟雾颗粒的装置。

FSS 规则规定:安装于船舶梯道、走廊和起居处所脱险通道内的感烟探测器,应在烟密度超过 12.5% 每米减光率之前动作。但在烟密度超过 2% 每米减光率之前不应动作。减光率(也叫作遮光率),指的是烟雾对光线的遮挡程度,计量单位是 %Obs/m。减光率的大小能够直观地说明烟雾浓度(单位长度内烟雾的光学密度)的大小。

减光率和烟雾浓度之间的数学关系如下:

$$O_u = 100 \times [1 - (I/I_0)^{1/l}]$$
$$D = -\lg(1 - 0.01 \times O_u)$$

式中:O_u——减光率;

I——受光元件所接收的光线强度;

I_0——发光元件所发出的光线强度;

D——单位长度内烟雾的光学密度。

感烟探测器分为离子感烟式和光电感烟式两种。

离子感烟式火灾探测器使用放射性元素(镅 241)的电离作用探测烟雾。离子感烟式火灾探测器对被测粒子的大小没有限制;但是其监控区域的空气湿度和风速对离子感烟式火灾探测器的灵敏度影响较大,所以离子感烟式火灾探测器主要应用于机器处所、配电板顶部、梯道走廊、公共处所等场所。

光电感烟式火灾探测器利用起火时产生的烟雾能够改变光的传播特性这一基本性质探测烟雾。根据烟粒子对光线的吸收和散射作用,光电感烟式火灾探测器又分为减光型和散光型两种,如图 7-1-1 所示。现代船舶多采用散光型光电感烟式火灾探测器。

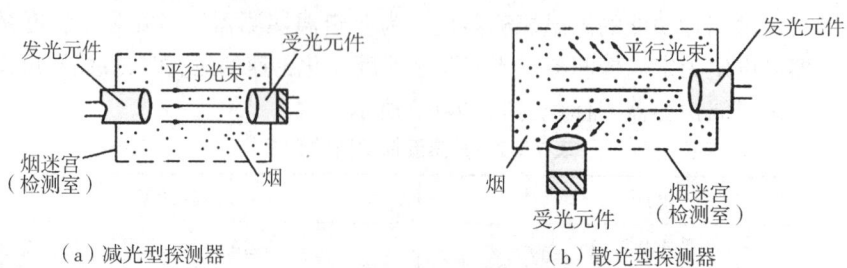

图 7-1-1 光电感烟式火灾探测器

光电感烟式火灾探测器适用于机器处所、配电板顶部、梯道走廊、生活公共处所、船员和乘客舱室。

(3)感光探测器

现在常用的是红外、紫外的感光探测器。如图 7-1-2 所示,红外感光探测器是利用火焰的红外辐射和闪烁效应进行火灾探测。对于纯净的碳氢燃料(比如汽油)在波长 2.7 μm 和 4.2~4.5 μm 两处分别有一个透射率较高的波段。但是船用燃料油除碳、氢元素外,还含有硫、磷、氮等元素。含有硫、磷、氮元素的船用燃料油的辐射峰值较汽油的波长稍长一点(大致在 5 μm)。所以检测船舶机舱火灾的感光探测器的监控波段通常会设定在 5 μm 附近,如图 7-1-3 所示。

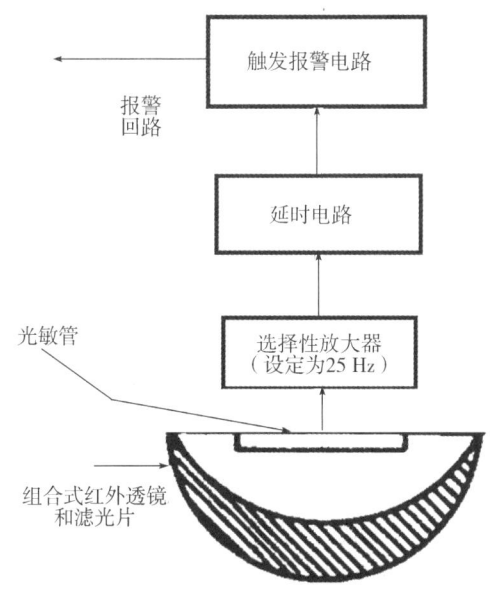

图 7-1-2 红外感光探测器原理

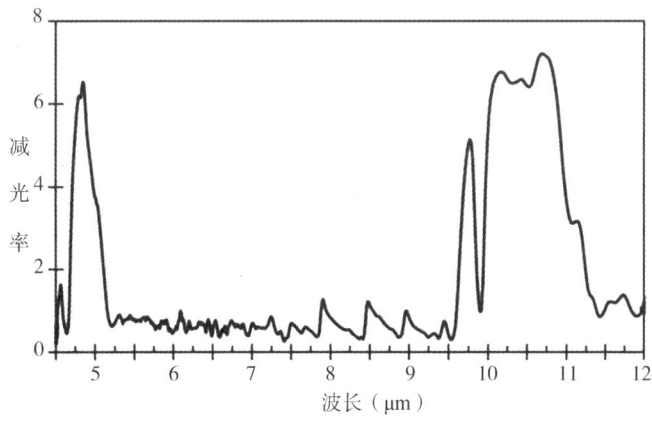

图 7-1-3 船用燃油燃烧火焰红外辐射特征

船舶燃油发生有焰燃烧,在红外波谱出现辐射/吸收峰值的同时,也会在紫外波谱区域产生相对较弱的辐射峰值(大约在 0.2 μm 附近)。如图 7-1-4 所示,紫外感光探测器就是利用这个波段的紫外辐射监控火灾的。紫外感光探测器内的光敏管有两种状态:断开和导通。当受到紫外辐射后,光敏管由断开变为导通而输出报警信号。此外,石英窗(全称为紫外熔融石英布鲁斯特窗口)的作用是,当光线在特定的入射角度(称为该材料的布鲁斯特角)入射时,入射光中垂直于入射光、反射光、折射光及发现所构成平面的偏振光线被部分反射;而入射光中垂直于入射光、反射光、折射光及发现所构成平面的偏振光线几乎被全部透射。这就意味着紫外感光探测器可以在紫外波段(185 nm~2.1 μm),获得优异的透过性,其具有更低的减光率。

火焰除了有能量辐射的特征外,还有一个特征,就是闪烁。闪烁频率与气流、温度、燃料成分和燃烧过程等因素有关。

经试验验证,可燃物的闪烁频率基本为 3~25 Hz。

感光探测主要用于主机、副机、锅炉和分油机等处所的保护。现行规范中,船舶不允许单独使用火焰探测器,其需与感烟式探测器联合使用。

(4)一氧化碳气体探测器

在火灾监控中还有一个重要指标,就是一氧化碳。通常情况下,空气中的一氧化碳含量极低,但是在有机可燃物的火灾发展过程中,都会产生一氧化碳,特别是阴燃阶段的火灾更是如此。一氧化碳比空气密度小,所以更容易实现早期预警。

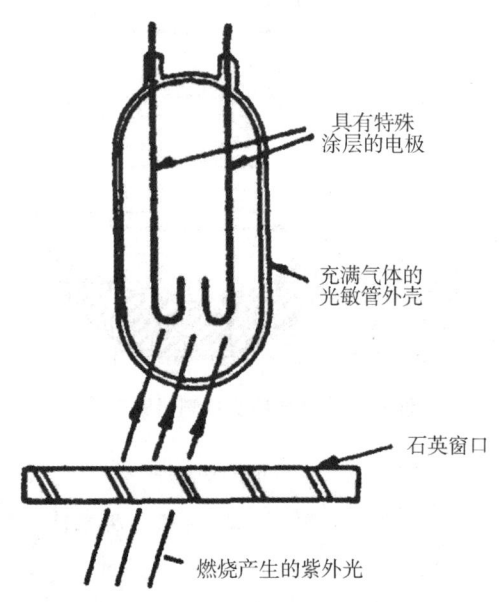

图 7-1-4 紫外感光探测器原理

从应用上看,船舶上并未单独安装一氧化碳探测器,而是通过与其他类型探测器进行功能组合安装,实现对火灾的早发现,早报警。

3.手动报警按钮

手动报警按钮既可作为单独的报警单元,又可作为固定式报警系统的组成部分,在值班人员发现火灾而自动灭火系统仍未动作时,按动按钮使报警器动作向全船报警。

手动报警按钮应装在有人出入的通道、走廊、公共处所、驾驶台、机舱内的通道出口处。每一层甲板的走廊内,手动报警按钮应该是便于达到的,并且走廊内任何部位与其距离不能大于 20 m。具体安装时应考虑 GB 50166—2019 的建议,距甲板的高度为 1.3~1.5 m,同时尽可能靠近应急照明。

4.电源、继电器箱和复示器

电源单元包括交流 220 V 的主电源和应急电源,以及直流 24 V 的备用电源;继电器箱用于转送全船报警;复示器用于显示火警和故障警报信息。

5.隔离器

隔离器(如图 7-1-5 所示)的作用是当环路中某处发生短路故障时,隔离器动作,将发生故障的部分与整个系统隔离开来,以保证系统的其他部分能够正常工作,同时确定发生故障的总线部位。当故障修复后,隔离器可自行恢复工作,将被隔离出去的部分重新纳入系统。现代船舶火灾探测报警系统也经常用带有隔离功能的隔离底座(如图 7-1-6 所示)实现隔离器作用。

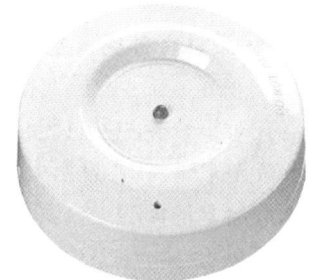 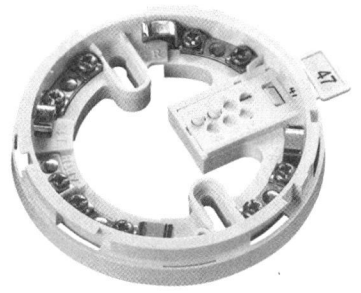

图 7-1-5　某品牌的隔离器　　　　图 7-1-6　某品牌的隔离底座

二、抽烟取样式火灾探测报警系统

在船舶航行途中,由于船舶的装货处所构成了一个独立的密闭舱室且较少人员到达,故多采用抽烟取样式火灾探测报警系统,如图 7-1-7 所示。

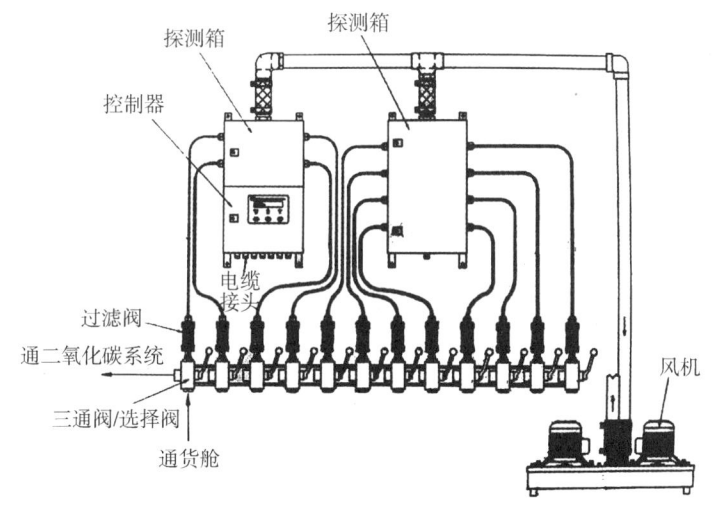

图 7-1-7　货舱抽烟取样式火灾探测报警系统

抽烟取样式火灾探测报警系统由集烟器、抽风机、探测箱、控制器、复示器等组成。

1.集烟器

在每一个需要保护的舱室至少装一个集烟器。为了保障集烟器能够充分发挥功能,其安装的间距应该使得舱顶部区域的任何部位距集烟器的水平距离不超过 12 m。不在同一舱室的集烟器不能连接在同一个取样点上。连接在同一取样点上的集烟器不能超过 4 个。

2. 抽风机

抽风机可从货舱内抽取气体样品,并送至烟雾探测器。抽风机的出口管路一般会远离生活区。抽烟取样式火灾探测报警系统装有双套取样风机。通常情况下,总有一台抽风机处于工作中。每隔 24 h,控制器会自动进行抽风机切换;同样,当一台抽风机出现故障,另一台抽风机也会自动启动。

3. 探测箱

探测箱内装有烟雾探测器、风压差开关和探头连接模块(如图 7-1-8 所示)。

烟雾探测器安装在独立的小盒中;烟雾探测器对环境污染具有自我调控功能:当污染程度增加,烟雾探测器的灵敏度会自动调节,并保持探测功能的稳定;当污染导致探测器无法保持平衡后,烟雾探测器就会向控制器发出报警信号,控制器在对报警探测器进行识别后发出故障报警。烟雾探测器在传感室内的烟密度超过 6.65% 每米减光率时,就会发出火灾报警。

风压差开关(一般设定开关点为 0.3 mbar)安装在探测器盒的面盖上。其可对相应管路上的气体流量进行检测,若探测到气体流量小于设定值时,其就会发出报警信号,并通过控制器进行识别并发出故障报警。

通过探头连接模块可将烟雾探测器和风压差开关连接到探测器上,实现对探测系统的控制。

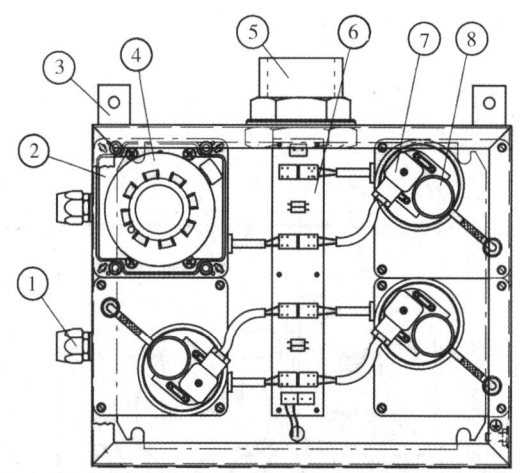

图 7-1-8　船舶货舱火灾探测报警系统的探测箱

①—探测管路连接装置;②—探测盒(该盒上盖已打开);③—固定装置;④—感光式烟雾探测器;⑤—抽风管路连接装置;⑥—探头连接模块;⑦—风压差开关的电路插头;⑧—风压差开关

4. 控制器

现代货船的控制器多安装于二氧化碳间。整个系统在控制器的控制下协调工作,控制器是整个系统的核心。控制器负责为整个系统提供电源,监控风机工作,监测系统故障,检测烟雾浓度并显示结果。

5. 复示器

复示器可以安装在船舶需要的地方,用于显示火灾报警和故障报警等信息;另外,复示器还可以像控制器一样,对火灾报警及故障报警提供声光显示。根据复示器地址定义的不同,还可区分主、辅。主复示器的功能与控制器的功能一致。

第二节　火灾探测报警系统的布置

一、固定式火灾探测报警系统

固定式火灾探测报警系统应按照 SOLAS 公约第Ⅱ-2 章中的条款 7 以及《国际消防安全系统规则》第 9 章进行。

1. 探测器的布置

(1) 在起居处所内的所有梯道、走廊和脱险通道等处所安装感烟探测器。探测器外观良好，无严重油污(如厨房)；任何探测器都不应被包裹和覆盖(如机舱工作间)；实际配备与防火控制图一致；船上有试验和维修所需的适当说明书，并有相关的备件。

(2) 由于探测器的安装位置会影响探测器的灵敏度，所以为了充分发挥探测器的功能，靠近横梁和通风管道的位置，有气流会影响探测器性能的位置，可能产生冲击或物理性损坏的位置都应该避开。位于天花板顶部的探测器与舱壁或横梁的距离至少是 0.5 m。室内如有高度超过 0.5 m 的倒挂梁，应视为两个保护区。探测器与通风口的距离应尽量远离。

(3) 每一分区并联的探测器和手动报警按钮数量应视其需要和电流负载的大小而定，一般每一分区(路)的长度不超过 30 m。

2. 探测器的安装

(1) 根据规范的要求，探测器所保护的面积和探测器之间最大的安装间距应符合表 7-2-1 的规定。

表 7-2-1　探测器所保护的面积和探测器之间最大的安装间距

探测器类型	每一探测器保护的最大甲板面积(m^2)	两个探测器中心之间的最大距离(m)	距离舱壁的最大距离(m)
感温式	37	9	4.5
感烟式	74	11	5.5

感烟探测器的保护面积按视场角大小，一般安装高度为 5~10 m，如安装高度低，被保护的面积缩小，灵敏度高，反之则灵敏度低。

(2) 有关周期性无人值班机器处所的要求：

① 除了高度受限制的处所和个别处所适宜用感温探测器(如机修间)外，不允许设置仅采用感温探测器的自动探火系统。

② 在上述处所的出入口，主控制站和驾驶台应设置火警手动报警按钮。

③ 在机器处所应根据易发生火灾的部位和燃烧物质来确定探测器的类型、数量和布置位置。

二、抽烟取样式火灾探测报警系统

抽烟取样式火灾探测报警系统主要按照《国际消防安全系统规则》第 10 章的要求进行。

1. 安装时,系统的排风口应该位于罗经甲板或者远离生活区的地方,防止任何有毒的或者易燃的物质或者灭火的介质泄漏到任何起居处所和服务处所、控制站或者控制处所。

2. 必须装有监测装置,以便对通过取样管的气流进行监测,同时还能确保从每 1 台集烟器中抽得的气流量尽可能相等。

3. 对于抽烟取样式火灾探测报警系统烟雾探测器的灵敏度的要求是,当烟气密度超过每米 6.65% 减光率时,其感应装置应该起作用。

4. 在每一个需要探烟的围蔽处所至少要装有一个集烟器,如果某一处所设计成交替地装载油或冷藏货以及要求装抽烟取样式火灾探测报警系统,则应为该系统提供隔离此类处所内集烟器的装置。为了保证集烟器能够充分发挥功能,其安装的间距应该使得舱室顶部区域的任何部位离集烟器的水平距离都不超过 12 m。如果有机械通风的处所采用了抽烟取样式火灾探测报警系统,则集烟器的位置还要考虑通风的影响。不在同一个围蔽处所的集烟器不能连接在同一个取样点上。连接在同一个取样点上的集烟器不能超过 4 个。此外,集烟器应该安装在能够免受冲击或机械损伤的位置。

5. 每个系统应该配有两台取样风机,以便交替使用或备用一套,并且每个取样风机的能量应足以在保护区域正常通风条件下有效地工作。取样管的内径至少为 12 mm,当取样管兼作固定气体灭火系统(如二氧化碳系统等)的管路时,管子的内径同时还要满足固定气体灭火系统的要求。此外,取样管应装设排残装置(可将管子布置成斜的),并作适当保护以免遭受货物冲击和损坏。取样管路同时还必须配有压缩空气冲洗装置。

6. 如果取样管路和二氧化碳管路共用,则管路中需安装三通阀和过滤器(如图 7-1-7 所示)。三通阀应靠近控制器及探测箱,并安装于其下方;过滤器安装于三通阀和探测箱之间。过滤器内通常会设有多种直径大小不一的过滤球,用于吸收空气样品中的粉尘,避免探头污染。

三、手动报警按钮与专用报警器

手动报警按钮既可作为单独的报警单元,又可作为固定式火灾探测报警系统的组成部分,在值班人员发现火灾而火灾探测报警系统仍未动作时,能够发挥重要的作用。

1. 手动报警按钮的布置

(1) 手动报警按钮应该安装于经常有人出入的通道、走廊、控制站和公共舱室等处所以及整个特种处所内,在每一个通道出入口(主要是正常的出入口)应该装设 1 个手动报警按钮。

(2) 每一层甲板的走廊内,手动报警按钮应该是便于到达的,并且走廊内任何部分与手动报警按钮的距离不能大于 20 m。具体安装时应尽可能与应急照明灯靠近,距甲板的高度约为 1.4 m。手动报警按钮在舱室起居处所的安装位置,如图 7-2-1 所示。

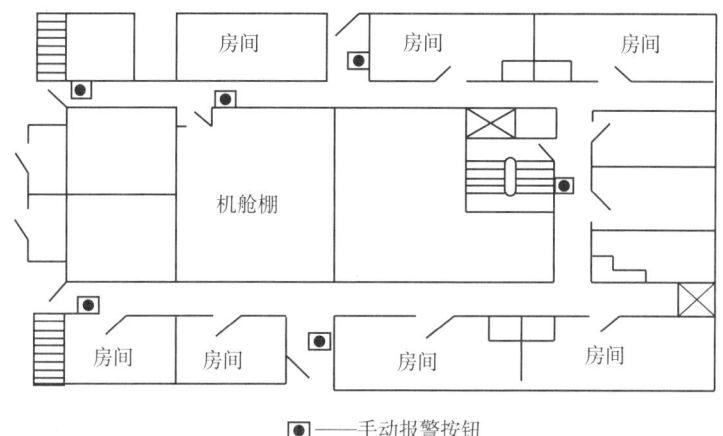

◉——手动报警按钮

图 7-2-1　手动报警按钮的安装

2. 专用报警器的布置

专用报警器由驾驶台或控制站操纵,主要用来召集船员。这种报警器可以是船上通用报警系统的一部分,但是必须能与乘客处所的报警系统分开并独立报警。

第三节　火灾探测报警系统的检查、维护和保养

一、每周测试和检查

通过面板上的"灯测试(lamp test)"功能,测试火灾探测报警系统控制面板上的指示灯是否正常工作;或者通过火灾探测报警系统的检测功能,测试系统的指示灯、蜂鸣器及显示器是否正常。

二、每月测试和检查

每月对火灾探测报警系统和手动报警按钮进行抽测。按压一个手动报警按钮或用其他有效方法,测试手动报警按钮的工作状态。

要求在 5 年内测试完所有火灾探测报警系统和手动报警按钮。对于非常大的系统的抽样比例应该由主管当局决定。选择一个探测器,用实验气体(不能用油布或者明火方法进行测试,因为这可能带来火灾危险且对探头有损害和污染)实地检测。

对于抽风取样系统,应该对抽风机自动切换功能进行测试,并检查气流监测功能。

三、年度测试和检查

1. 对船舶火灾探测报警系统进行年度测试时,如果可行,测试火灾探测报警系统中用于启动灭火系统的功能,确保其正常工作。

2. 目视检查所有可接近的探测器是否存在影响其正常工作的阻塞。要求在 1 年内检查完

所有探测器。

3.测试应急电源切换功能(测试电源的失电报警和电源转化功能)。

四、系统的效能检验

1.可拆下一个探头,检查火灾探测报警系统是否正常。

2.火灾探测器是否能被有效隔离,通常隔离警报会在控制面板上显示或者也可以通过按下"isolation"按钮或类似按钮在控制面板上显示。

3.通用报警测试:2 min 延时通用报警测试。

1.船舶固定式火灾探测报警系统分为几种?

2.请简述下面两幅图分别描述的是何种报警系统?各有何特点?

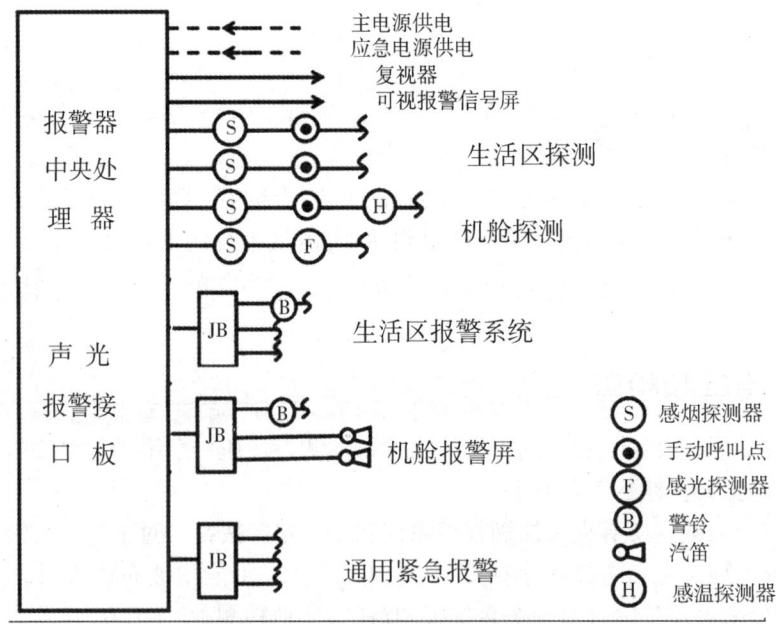

图1

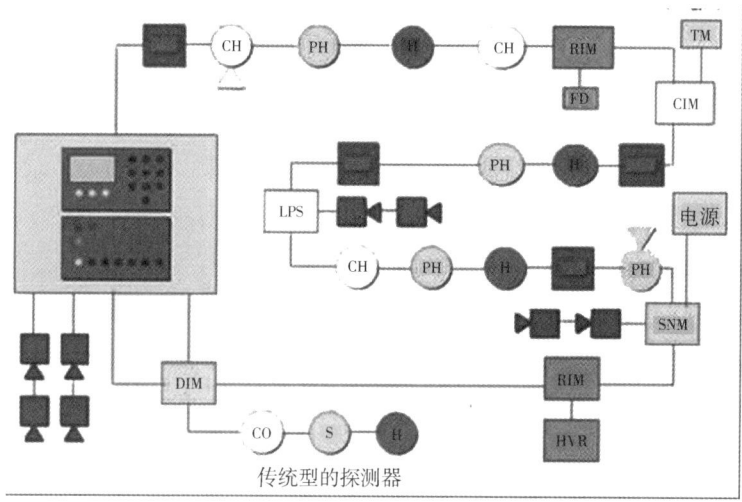

图 2

第八章
固定消防系统

第一节 固定水灭火系统

一、固定水灭火系统介绍

本教材第二章已经介绍过水灭火剂。船上消防员在使用水灭火剂时,尽管水就在他们身边,但是仍需要一定的压力才能有足够的冲击力将水射到火灾现场。什么能够保证将水源源不断地送到消防员身边?又是什么给水灭火剂如此大的冲击力?这就是固定水灭火系统。

水灭火系统是船舶消防系统的主要组成部分,如图 8-1-1 所示。水灭火系统由消防泵、应急消防泵、消防管系、隔离阀、消火栓、消防水带、消防水枪及国际通岸接头等组成。其基本要求如表 8-1-1 所示。

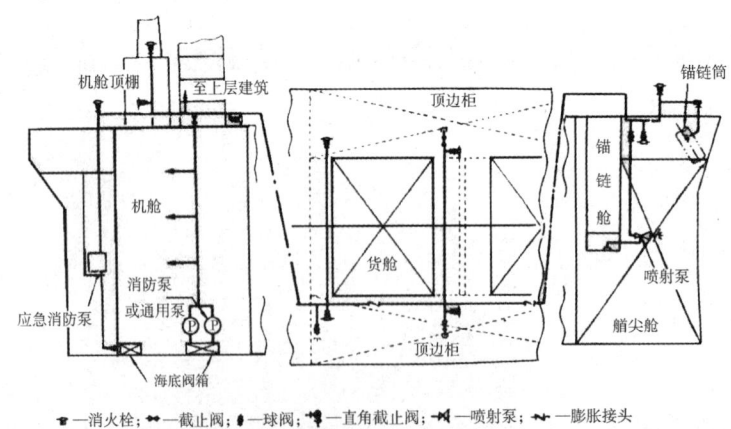

图 8-1-1 船舶水灭火系统的组成

1.消防泵也叫主消防泵,配置在船舶机舱的底部。根据船舶的类型不同,船舶所配备的消防泵数量也不相同。SOLAS 公约要求:客船至少应配备 3 台独立消防泵;货船至少应配备 2 台独立消防泵。船舶上的卫生水泵、舱底水泵或通用泵只要不用来驳油,均可作为消防泵。

通常,船舶消防泵位于机舱舱底。现代化的船舶,消防泵可以在驾驶台、消防控制站、集控室进行启动和关闭操作。

2.应急消防泵应布置机舱之外的其他处所。电动机驱动的消防泵应接应急电源;柴油机驱动的应急消防泵,其柴油机应能在 0 ℃的冷态条件下进行人力启动,也可采用压缩空气启动(30 min 内至少启动 6 次)。燃油供给柜内的燃油应供泵满负荷下至少运行 3 h,储备油柜供应泵在满负荷下再运行 15 h。其排量不小于消防泵总排量的 40%,且在任何情况下应不小于 25 m³/h,并满足压力要求。

3.消防管系包括船舶的消防总管和消防支管。消防管系的直径应足够有效地分配从两台同时工作的消防泵所送来的消防水。

表 8-1-1 船舶水灭火系统的基本要求

水灭火设备		船舶种类、总吨	客船		货船		
			4 000 以上	4 000 以下	6 000 以上	1 000~6 000	1 000 总吨以下
消防泵	数量		3	2	2		2(其中 1 台应为独立驱动的消防泵)
	总排量(m³/h)		舱底泵总排量的 2/3		1 台舱底泵的 4/3 以上(不大于 180 m³/h)		
	每台泵的排量(m³/h)		总排量/台数×80%以上		总排量/台数×80%以上		
	消火栓处的水压(MPa)		0.4	0.3	0.27	0.25	0.25
	动力源的布置		分舱布置		分舱布置或设置固定应急消防泵		
消火栓数量和位置			至少 2 股水柱(1 股仅 1 根水带)		至少 2 股水柱(1 股仅 1 根水带)		
消防水带			每个消火栓配 1 根		每 30 m 船长配 1 根,备 1 根,总数不少于 5 根(不包括机舱)		每 30 m 船长配 1 根,备 1 根,总数不少于 3 根
消防水枪(水雾/水柱两用)			每根消防水带配 1 支		每根消防水带配 1 支		每根消防水带配 1 支
国际通岸接头			1 支(船舶任何一舷)		1 支(船舶任何一舷)		

4.在消防主管系上,在机舱外易到达的位置应装设隔离阀,以便在需要时将机舱内的消防管系与主消防管系相隔离。

5.船舶的消火栓主要由带法兰底座以及和水带接口配套的接口组成。消火栓的布置应保证至少将两股水柱能喷射至船上旅客和船员经常到达的任何部位,以及任何装货处所所在的任何部位。但是其中 1 股水柱必须由 1 根水带供水。消火栓的布置应使消防水带易于与消火栓连接。每个消火栓都应配备 1 根消防水带和 1 支消防水枪。消火栓应定期保养加油,保证阀门无泄漏。

6.消防水带的直径分为 65 mm 和 50 mm 两种,国内一般选用 20 m 长度,国际上要求长度至少为 10 m,但不超过下述长度:机舱为 15 m;其他处所和甲板为 20 m;型宽超过 30 m 船舶的开敞甲板为 25 m。

7.消防水枪的规格有枪口直径为 12 mm、16 mm、19 mm 的,居住区和服务处所使用的为 12 mm。消防水枪是消防员在灭火时使用的主要设备。消防水枪可以把消防水转化成不同的高速射流,并把这种水流喷射到火场的物体上,达到灭火、冷却目的。SOLAS 公约要求:船舶所配消防水枪应为直流、喷雾两用水枪。消防水枪既可喷射直流水流,又可喷射雾状水流,雾状水流可以吸收大量的辐射热,从而保护消防员接近火源,进而提高灭火效率。

8.国际通岸接头。船上应至少配备有 1 套国际通岸接头,一般存放在消防站。存放地点应有标识。国际通岸接头主要用于岸上或其他船舶向本船供应消防水时使用,见图 8-1-2。

图 8-1-2　Storz 型的国际通岸接头

国际通岸接头由标准法兰和同船上消火栓接口一致的接口组成,具体尺寸如表 8-1-2 所示。

表 8-1-2　国际通岸接头标准尺寸

名称	尺寸
外径	178 mm
内径	64 mm
螺栓圈直径	132 mm
法兰槽口	直径为 19 mm 的孔 4 个,等距离分布在上述直径的螺栓圈上,开槽口至法兰盘的外缘
法兰厚度	至少为 14.5 mm
螺栓和螺母	4 副,每副的直径为 16 mm,长度为 50 mm

二、固定水灭火系统的检查、维护和保养

固定水灭火系统的性能直接影响着船舶的消防安全,为此,我们必须严格按照要求对固定水灭火系统进行检查、维护和保养;切实做到令其随时可用。

海安会 MSC.1/Circ.1432 号通函给出了固定水灭火系统的检查、维护和保养指南。指南内容包括:

1.每月测试和检查

(1)确认所有消火栓、消防水带和消防水枪的布置正确,且都处于随时可用状态;

(2)对所有消防泵进行操作测试,以确认它们能持续提供足够的压力;
(3)应急消防泵燃料供应充足,加热系统状况良好(如适用)。

2.季度测试和检查
季度测试和检查应确保国际通岸接头处于可用状态。

3.年度测试和检查
(1)确认所有的部件处于可用状态;
(2)对消防泵进行检验,以确定压力和流量符合要求,在隔离阀关闭的情况下测试应急消防泵,验证其是否正常工作;
(3)检查所有消火栓,确保正常工作;
(4)对消防水带进行抽样,并在最大消防总管压力下进行功能测试,要求在5年内对所有消防水带进行测试;
(5)检查所有消防泵放残阀(如有),确保其正确设置;
(6)检查系统中所有滤网/滤器,确认其无碎屑和污染残留;
(7)确认消防水枪尺寸/类型正确,并做好维护工作。

第二节 二氧化碳灭火系统

二氧化碳是一种传统且性价比较高的灭火介质。早在1928年,美国消防协会(NFPA)就开始制定二氧化碳系统的标准。

一、二氧化碳灭火系统简介

二氧化碳是大气的一种天然成分,但在灭火所需浓度下,二氧化碳却是致命的。二氧化碳灭火系统可用于任何类型的船舶机舱及其他密闭空间。二氧化碳出色的灭火效果得到了广泛认可,但二氧化碳灭火系统的缺点也很多。首先,该系统需在保护区内人员都撤离后才能释放,这段延误时间可能会对设备造成更多的损害;其次,二氧化碳在有效灭火的同时,冷却效果却有限,存在复燃风险;最后,二氧化碳灭火系统需单独空间来存放气瓶。

现代船舶上的二氧化碳灭火系统有两种类型:高压二氧化碳灭火系统和低压二氧化碳灭火系统。无论是高压系统还是低压系统,在船上,二氧化碳均以液态形式储存于钢瓶中;钢瓶存放在二氧化碳站内。

1.船舶高压二氧化碳灭火系统
船舶高压二氧化碳灭火系统由二氧化碳钢瓶、气动/手动瓶头阀、遥控释放箱、时间延迟器、主释放阀、管路、附属仪表和喷头等组成。

目前,国际上通用的是68 L/45 kg的二氧化碳钢瓶,钢瓶上装有气动/手动瓶头阀;遥控释放箱是实现远程控制的单元设备,包括两只驱动气瓶、控制阀和微动开关等。驱动气瓶内的压缩气体,是启动二氧化碳气动瓶头阀和机舱二氧化碳主释放阀的气源。微动开关主要完成系统启动前的预报警、风油切断及其他的辅助功能。时间延时器的作用是保证气动释放阀在二氧化碳钢瓶释放二氧化碳前打开。一般延时时间为30 s和60 s。主释放阀是机舱和货舱管路上的释放阀,其控制二氧化碳的流向,是流向机舱还是流向货舱。管路是输送二氧化碳气体的;附属仪表安装在二氧化碳管路上,显示二氧化碳释放时的压力;喷头是二氧化碳的喷射装置,其可以规范二氧化碳的散布路径和面积,提高灭火效率。

2.船舶低压二氧化碳灭火系统

随着大型船舶的发展,被保护舱容的明显增加,用于扑救舱室火灾的二氧化碳重量也成倍地增加。这就使得高压二氧化碳灭火系统的重量增加,导致出现管线复杂等问题。为了减轻二氧化碳灭火设备的重量及简化设备与管线的操作,低压二氧化碳灭火系统应运而生。通常在二氧化碳需要量达到 10 t 以上时,才采用低压二氧化碳灭火系统。

二、二氧化碳灭火系统的操作程序

由于二氧化碳气体对人体有害,因此起居处所严禁使用二氧化碳灭火剂。船舶上只有货舱、机舱等可实现封闭的舱室火灾,才可利用二氧化碳扑救。对于机舱和货舱火灾,二氧化碳的释放操作过程是不一样的。二氧化碳灭火系统结构如图 8-2-1 所示。

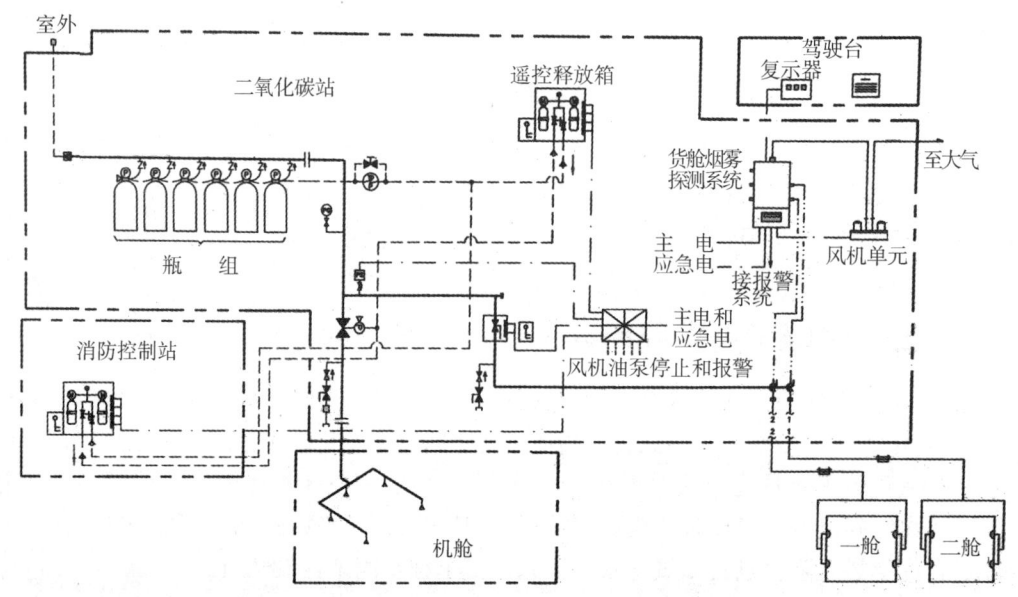

图 8-2-1 二氧化碳灭火系统结构图

1.二氧化碳灭火系统扑救机舱火灾

(1)二氧化碳灭火系统正常释放扑救机舱火灾

机舱失火,按照 SOLAS 公约要求,2 min 内将所需二氧化碳的 85%一次注入。满足这个要求的操作方式,只能是遥控释放。遥控释放由操作人员在遥控释放箱处完成。

遥控释放操作:打开遥控释放箱门,微动开关动作,对外发出二氧化碳施放报警信号,用于提醒在机舱内的人员,二氧化碳将要施放,应立即撤离机舱。在预报警的同时,微动开关同时还向其他控制器发出信号。实现抽风机和油泵的停转,进而控制主、副机减速,甚至停车。此时,二氧化碳并未释放。

当船长确认机舱内人员已全部撤离,并将机舱封闭后,下达施放命令。操作人员接到命令后,打开驱动钢瓶,钢瓶内的气体会自动分为两路,分别打开保护机舱的所有二氧化碳钢瓶的瓶头阀和机舱二氧化碳管路上的主释放阀。为保证气动释放阀和主释放阀的协调,在二氧化碳瓶头阀的控制线路上安装了延时器。之后,主释放阀和瓶头阀顺序开启,二氧化碳通过主释放阀进入机舱,对机舱火灾进行扑救。上述释放方式被称为全淹没方式①。

(2)二氧化碳灭火系统应急释放扑救机舱火灾

如果二氧化碳正常释放操作失败,可以按应急操作程序完成释放。应急释放只能在二氧化碳站内完成。

对于灵便型船舶,由于应对机舱火灾的二氧化碳钢瓶数量只有几十只。在此情况下,需要首先确认机舱管路上的主释放阀已打开,之后根据需要手动打开所需二氧化碳钢瓶的瓶头阀,完成释放。

对于大型船舶,应对机舱火灾的二氧化碳钢瓶的数量可达数百只。如果正常的遥控释放不成功,则应使用应急程序进行启动。应急释放也需在船长下达释放命令后进行。应急启动的原理,如图8-2-2所示。

应急释放时,建议首先确认主阀打开;之后,手动打开系统当中的增压阀,最后手动打开二氧化碳瓶组中数瓶二氧化碳钢瓶即可②。

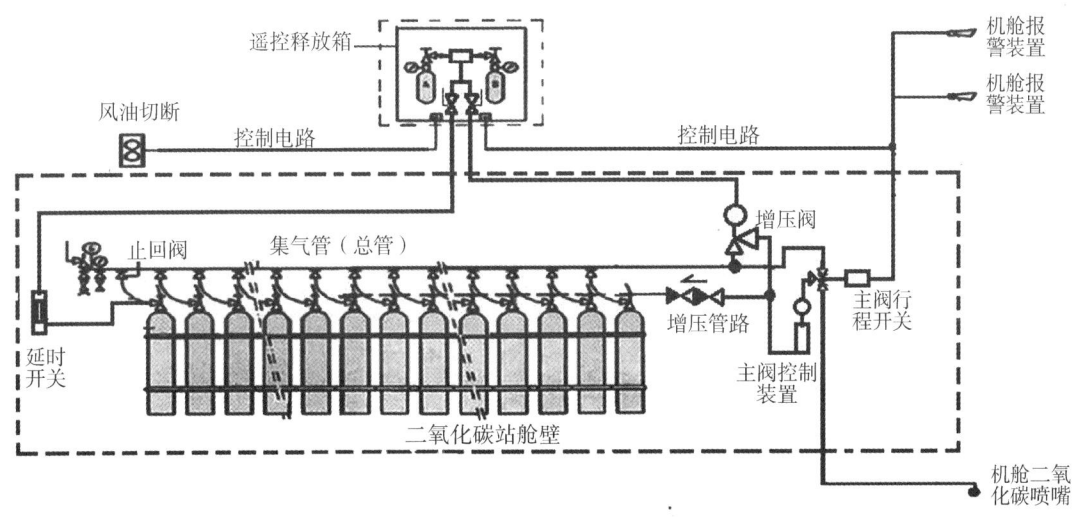

图8-2-2 应急启动二氧化碳灭火系统的原理图

2.二氧化碳灭火系统扑救货舱火灾

对于集装箱和普通货物处所(主要拟载运多种独立系固或包装的货物),二氧化碳灭火系统应可使至少2/3的气体在10 min内被注入该处所。对于固体散货处所,固定管系应可使至少2/3的气体在20 min内被注入该处所。系统控制装置应布置成根据货舱的装载状况允许释放气体总量的1/3、2/3或全部。

(1)货舱二氧化碳灭火系统的手动释放程序

对于灵便型散装货船及类似船舶,在确认某货舱发生火灾,并确定用二氧化碳扑救后,打开二氧化碳货舱控制箱上的门,门上的微动开关动作,向全船报警。打开控制箱里的阀门,然后,再将与失火舱室相连接的三通阀(也称选择阀)手柄转动90°,将二氧化碳管路接通至货舱

---

①人员在二氧化碳浓度达到20%时,就会在几秒钟的时间内死亡。
②应急释放(增压阀)时,释放的二氧化碳瓶数,可以通过系统总管上的压力表确定。

的抽风管路。最后,在确认货舱内无人并封闭的情况下,将所需二氧化碳手动放入。

对于大型船舶,船舶货舱失火后,二氧化碳灭火系统的释放方式包括两种,手动释放和遥控释放。以某8 800箱位的集装箱船为例:该集装箱船针对货舱火灾的钢瓶数量为350瓶。为了满足SOLAS公约的释放要求,系统将350瓶二氧化碳进行了分组。分组情况如图8-2-3所示。

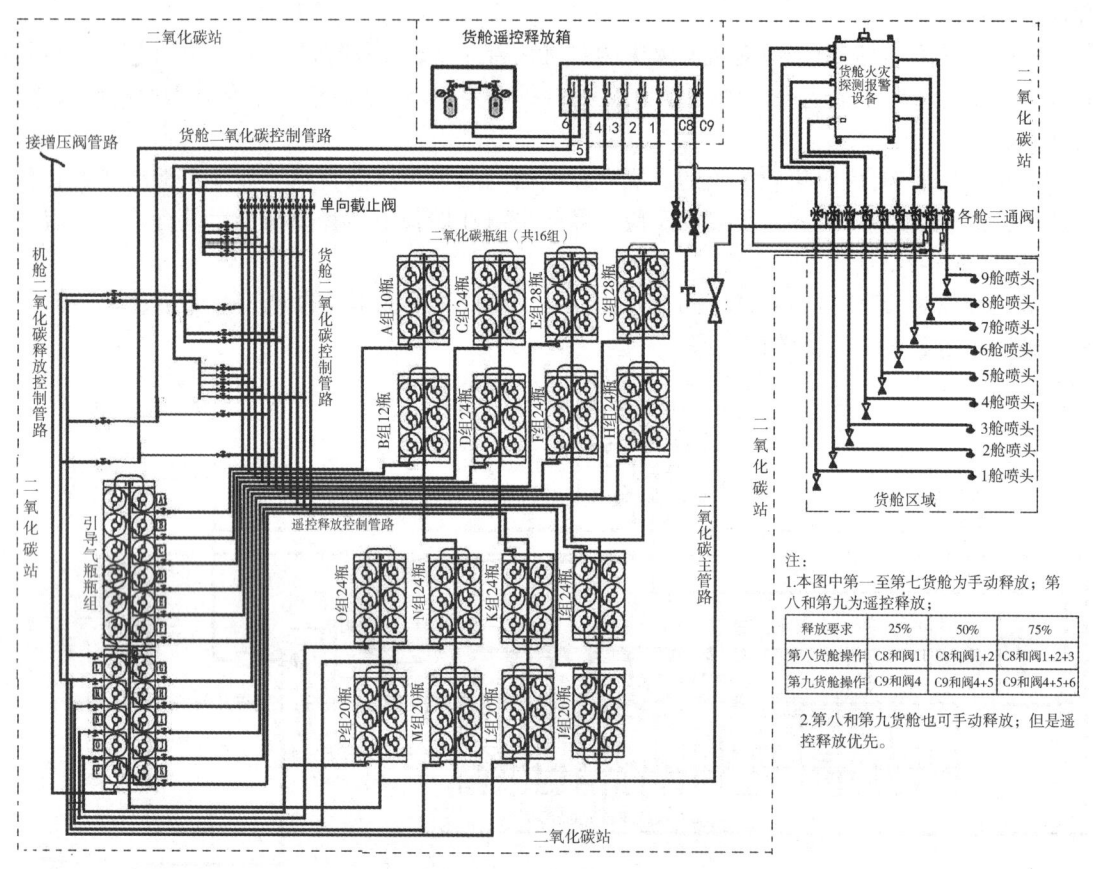

图 8-2-3　某集装箱船货舱手动释放操作原理

在此基础上,进行手动分组释放二氧化碳灭火系统的操作安排①,如表8-2-1所示。具体手动操作可参考图8-2-3所示。

例如,该船第一货舱前部区域失火,准备用二氧化碳灭火系统施救。通过配载图可确定该舱的装舱情况。如果该舱的集装箱装载量为满舱量的25%及以下时,则认为该舱为空舱。释放二氧化碳时,则按照该舱所需的最大二氧化碳数量释放,如表8-2-1所示。操作程序如下:首先,手动切换"火灾探测报警系统"中的三通阀,将三通阀与探测报警设备间的管路切断,同时接通二氧化碳管路;其次,手动打开二氧化碳管路的主释放阀;最后,根据货舱的装载情况,手动启动引导气瓶组中相应的引导气瓶。

----

①实际上在做分组操作安排时,都将二氧化碳钢瓶数量进行了整数化处理。例如,第一货舱前部区域失火,如果按照100%释放,释放瓶数为77瓶。但是在实际分组安排时,安排数量为80瓶。

表 8-2-1　某集装箱船货舱手动分组释放二氧化碳灭火系统的操作安排

	空舱 75%	半舱 50%	满舱 25%
第一货舱（前部）	80(J,L,M,P)	60(J,L,M)	40(J,L)
第二货舱（中后部）	162(A,C,E,J,L,M,B,G)	122(A,C,E,J,L,M)	82(A,C,E,J)
第二货舱	264(B,C,D,F,G,J,H,I,L,M,O,P)	200(B,C,D,F,G,J,H,I,L)	132(B,C,D,F,G,J)
第三货舱	316(B,C,D,E,F,G,J,K,L,M,P,H,I,N)	244(B,C,D,E,F,G,J,K,L,M,P)	160(B,C,D,E,F,G,J)
第四货舱	338(A,C,D,E,F,G,J,K,L,M,P,H,I,N,O)	254(A,C,D,E,F,G,J,K,L,M,P)	170(A,C,D,E,F,G,J)
第五货舱	338(A,C,D,E,F,G,J,K,L,M,P,H,I,N,O)	254(A,C,D,E,F,G,J,K,L,M,P)	170(A,C,D,E,F,G,J)
第六货舱	338(A,C,D,E,F,G,J,K,L,M,P,H,I,N,O)	254(A,C,D,E,F,G,J,K,L,M,P)	170(A,C,D,E,F,G,J)
第七货舱	330(A,B,C,D,E,F,G,K,L,M,P,H,I,N,O)	254(A,B,C,D,E,F,G,K,L,M,P)	170(A,C,D,E,F,G,J)
第八货舱	210(B,C,D,E,J,A,L,M,F,G)	158(B,C,D,E,J,A,L,M)	108(B,C,D,E,F,G,J)
第九货舱	182(A,B,C,D,J,E,L,F,M)	138(A,B,C,D,J,E,L)	80(A,B,C,D,J)

(2)货舱二氧化碳灭火系统的遥控释放程序

遥控释放方式,通常须在船舶的消防控制站完成。如图 8-2-3 中的第八货舱,或者第九货舱都可以用遥控释放程序实现火灾扑救。首先,打开货舱释放控制箱中的控制失火舱室三通阀和主释放阀的阀门;然后,启动控制气瓶,二氧化碳灭火系统启动。

如果货舱的遥控释放未能成功启动,可以手动启动。

三、二氧化碳灭火剂数量的核算

1.扑救货舱火灾时,释放出的二氧化碳自由气体体积要求

(1)使用大型二氧化碳灭火系统扑救大型船舶货物处所的火灾时,二氧化碳的浓度需要达到货舱容积的 30% 以上;对于采用部分封闭舱盖的大型集装箱船,在计算二氧化碳配备数量时,应该根据相关要求进行增加。增加量的计算公式:

$$CO_2{}^{INC}{}_{30\%} = 60 \times A_T \times (B/2)^{1/2}$$
$$CO_2{}^{INC}{}_{45\%} = 4 \times A_T \times (B/2)^{1/2}$$

式中:$CO_2^{INC}{}_{30\%}$——二氧化碳增加量,单位 kg,此计算结果不用于装运自备燃油的机动车的货舱;

$CO_2^{INC}{}_{45\%}$——二氧化碳增加量,单位 kg,此计算结果用于装运自备燃油的机动车的货舱;

A_T——部分封闭舱盖间缝隙的面积总量,单位 m^2;

B——二氧化碳保护舱室的宽度,单位 m。

(2)对用于载运油箱中备有自用燃料的机动车辆的装货处所,所配备二氧化碳的数量,按其自由气体体积计算,至少等于此种最大的能够密封的装货处所总容积的 45%。

(3)对滚装船的围蔽装货处所,所配备的二氧化碳的数量应能放出的自由气体体积至少等于最大处所总容积的 45%。

2.扑救机器处所火灾时,释放出的二氧化碳自由气体体积至少等于下列中的较大值

(1)被保护的最大机器处所总容积的 40%,此容积算至机舱顶棚的一个水平面为止,在这个水平面上,其水平面积等于或小于从双层底至机舱顶棚最低部分的中点处水平面积的 40%,如图 8-2-4 所示。

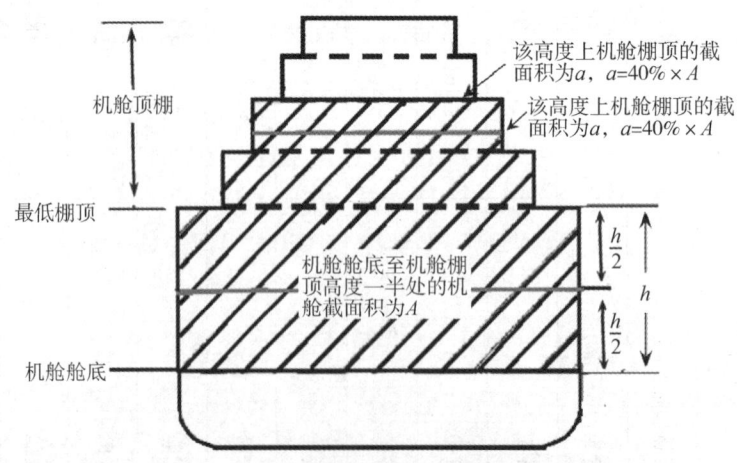

图 8-2-4 机舱容积的计算原理

(2)被保护的最大机器处所包括机舱顶棚在内的全部容积的35%。

对于小于 2 000 总吨的货船,上述百分数可分别减至35%与30%;如 2 个或 2 个以上的机器处所未完全隔开,应视为一个处所。

二氧化碳需要配备的数量,按照最大一个货舱的需要确定二氧化碳瓶数;之后与机舱所需瓶数进行对比,取其大值。

四、二氧化碳管路及布置

(1)每个二氧化碳钢瓶的瓶头阀门至集气管的连接管上,应装有止回阀;
(2)集气管至分配阀箱的总管上应装有量程为 0~24.5 MPa 的压力表;
(3)二氧化碳管应为无缝钢管,且管路不得通过起居处所,并应避免通过服务处所,如无法避免,通过服务处所的管子不得有可拆接头;
(4)通往 A 类机器处所和货泵舱的二氧化碳管应有足够的尺寸和喷嘴数量,以便上述处所所需二氧化碳量的85% 能在 2 min 内喷入被保护处所,约10% 的二氧化碳总量应排放到机舱底层花铁板以下的保护处所;
(5)通往 A 类机器处所和货泵舱的二氧化碳管直径,应根据预计输送的二氧化碳数量来决定相应管径所能通过的最大二氧化碳数量;
(6)二氧化碳系统钢管的最小壁厚至少为 3.6 mm;
(7)通往装货处所的二氧化碳管的管径应不小于 20 mm,通往喷嘴的支管直径应不小于 15 mm;
(8)在总管或分配阀箱上,应装设压缩空气吹洗管路接头。

二氧化碳管路内径 $D(\text{mm})$ 与喷嘴孔径 $d(\text{mm})$ 及数量 m 之间的关系为:

$$m = (0.8 \sim 0.9)\frac{D^2}{d^2}$$

五、营运中船舶需要注意的事项

SOLAS 公约第 Ⅱ-2 章第 10 条;以及《国际消防安全系统规则》的第 5、10 等章节对于二氧化碳系统做出了操作性要求。

(1)二氧化碳储存间应有效通风,并在任何情况下与被保护处所分开。二氧化碳储存间处于开敞甲板以下的,应设置机械通风。储存间出入口的门应为向外开启,并在这种储存间与毗邻围蔽处所之间构成限界面的舱壁和甲板,包括门和关闭其任何开口的其他设施,应为气密。

(2)二氧化碳储存间内应设有清楚而永久性的示意图,以表明与灭火剂的施放及分配直接有关的容器、总管、支管和附件等的布置,并对系统的操作方法做简要的说明。如果船舶上的工作语言不是船旗国的官方语言,则所有需张贴的图纸和图表内应有该工作语言的译文。

(3)在任何处所中,空气瓶内含有的自由空气量如因失火释放在该处所内,将会严重影响二氧化碳灭火系统的有效性,应额外增加灭火剂数量。一般在装有空气瓶的处所(如机舱)内,在计算二氧化碳量时,应将空气瓶内含有的自由空气量的影响考虑在内。

(4)应备有供船员能安全地检查二氧化碳瓶内的灭火剂数量的设施。

(5)二氧化碳瓶应根据各被保护舱室对二氧化碳的需要进行分组,如由人力直接开启施放装置,则每组瓶数不超过12瓶。

(6)瓶头阀泄漏出的灭火剂应由管路引至二氧化碳间外开敞甲板处的大气中。

(7)应设有2套独立的控制装置,以便将二氧化碳释放至被保护处所,并确保报警装置的动作。其中一套用于打开瓶头阀将二氧化碳从钢瓶中排出。另一套用于开启将二氧化碳输送至被保护处所的管路上的阀门。该2套控制装置应布置在清楚地标明所通往处所的施放箱内。如施放箱平时要上锁,其钥匙应置于带有易碎玻璃面罩的盒子里,该盒子布置在施放箱附近明显位置。

六、二氧化碳灭火系统的检查、维护和保养

国际海事组织海安会 MSC.1/Circ.1318 号通函专门为二氧化碳灭火系统的维护和检查提供了全面的说明。

1. 每月测试和检查

每月,负责人员应对整个系统状况进行总体外观检查,看是否有明显的破损迹象,这应包括验证:

(1)所有截止阀处于关闭位置;

(2)所有释放控制装置处于适当位置并随时可供立即使用;

(3)所有排放管和气动管完整且未损坏;

(4)所有高压气瓶位置正确,并适当系固;

(5)报警设备到位且未见损坏。

2. 年度测试和检查

年度测试和检查应根据系统制造商的说明和安全预防措施进行以下最低级别的测试和检查:

(1)保护处所的限界面应进行目视检查,确认各个舱壁和甲板完整,未出现可使系统失效的、不可关闭的开口;

(2)所有储存容器应进行目视检查,看是否有破损、生锈或安装的硬件松动的迹象。泄漏、腐蚀,或有凹进或凸起的气瓶应重新进行液压试验或更换;

(3)系统管路应进行目视检查,以核查是否有破损、支架松动和腐蚀现象,应检查喷嘴以确保其未因新装附件或新建结构或新装机器而被阻挡住;

(4)应检查总管以验证所有挠性排放管和附件适当紧固;

(5)所有受保护处所的入口门应适当关闭并应有警告标志,如果发出警报,人员应能立即撤离;

(6)对于所有遥控释放装置,应核查其是否正确张贴显示各服务处所的操作须知。

3. 期间检验

(1)至少每2年(间隔2年±3个月)在客船上或在货船的每一次中间、定期或更新检验中,应进行以下维护:

①所有高压气瓶和启动气瓶应称重或通过其他可靠的方法验证其灭火剂充装数量,以确认其现有的充装量为额定充装量的90%以上。如发现充装量小于额定充装量90%的气瓶应重新充装。

②应核查所有储存容器的液压试验日期。高压气瓶应按不超过10年的间隔进行定期试验。在对气瓶进行拆装试验,且系统恢复后,应保证系统灭火剂的数量满足FSS规则的要求。

③应对释放管路和喷嘴进行测试,以验证其是否被堵塞。试验时,应将释放管路与整个系统隔离后,将干燥清洁空气或氮气从试验气瓶或通过专用测试管路引入进行试验。

(2)至少每2年(间隔2年±3个月)在客船上,应通过专业资质人员(持有认可组织颁发的服务供应商或持有批准证书的技术人员/专家)进行以下维护:

①如可能,所有启动装置应从二氧化碳钢瓶的瓶头阀上拆开,并将其串接到启动管线中,再对整个启动管路施加全标称的工作压力来测试启动装置是否正确运作。

如不可行,启动管线应与气瓶阀断开,之后将与启动装置相连接的接口封死,并以标称工作压力从释放站对启动管路进行压力测试并检查是否有泄漏。

在上述两种情况下,如果安装了释放站,应从一个或多个释放站进行。如果系统由手拉钢丝绳的形式进行遥控释放,应检查钢丝绳,以验证钢丝绳及其滑轮是否保持良好状态,并能自由转动,且不用通过长距离的拉动来启动系统。

②对所有手拉钢丝绳形式的遥控系统组件给予清洁并在必要时进行调整;检查钢丝绳的接头是否紧固。如果遥控释放由气动操作完成,应检查管路是否有泄漏,并应验证遥控释放站的启动气瓶充装压力是否适当。所有控制和报警装置应正常运作,且延时开关(如有)应按设定的时间来控制启动气体管路的开闭。

③工作完成后,系统应恢复正常使用状态。应检查所有释放控制装置是否处于适当位置并与正确的控制阀连接。所有压力开关联锁装置应复位并恢复至即时使用状态。所有截止阀应处于关闭位置。

4.5年检验(特检或换证检验)

在货船上,应由持有认可组织颁发的服务供应商,或是由持有批准证书的技术人员/专家进行以下维护:

(1)在可能的情况下,应将所有启动装置从瓶头阀上拆下,并将其连接至启动管路中,再对整个启动管路施加标称的工作压力来测试启动装置是否正常工作。如果不可能做到这一点,则应将引导管路与瓶头阀断开,之后封闭接口,并在释放站施加标称的工作压力进行测试,并检查泄漏情况。

在上述两种情况下,应从一个或多个释放站进行测试。如果为手拉钢丝绳形式的远程释放控制装置,则应进行检查,以验证钢丝绳和滑轮是否处于良好状态且可自由移动,并且不需要通过长距离的拉动来激活整个系统。

(2)所有钢丝绳启动装置的组件应根据需要进行清洁和调整,钢丝绳连接部位应连接牢固。如果远程释放控制装置是通过气压操作的,则应检查管道是否泄漏,并验证远程释放站启动气瓶是否正确充气。所有控制装置和报警装置应正常工作,延时装置(如安装)应保证气体在所设定时间段内释放。

(3)工作完成后,系统应恢复使用。应检查所有释放控制装置是否处于正确位置,并将其连接至正确的控制阀。所有压力开关联锁应复位并恢复使用。所有截止阀应处于关闭位置。

5.10年检验

(1)在10年期检验中,应至少对气瓶总数量的10%进行一次内部检查和液压试验。如果一个或多个气瓶不合格,应对船上50%的气瓶进行测试。如果还有气瓶不合格,应对所有气瓶进行水压试验。在二氧化碳气瓶装船达到20年之前,应完成对所有气瓶的液压试验;之后,每隔10年,应对所有气瓶进行液压试验。

(2)柔性软管应按照《使用手册》建议的间隔更换,但无论如何应每10年更换一次。

第三节　船舶泡沫灭火系统

船舶泡沫灭火系统包括甲板泡沫灭火系统和高倍泡沫灭火系统两种。通过本节的学习,了解船舶泡沫灭火系统,掌握船舶甲板泡沫灭火系统的布设方式以及安全穿越高倍泡沫灭火系统的程序和方法。

一、船舶泡沫灭火系统简介

1.船舶甲板泡沫灭火系统

船舶甲板泡沫灭火系统是为扑救油船液货舱火灾而配备的消防系统。固定式甲板泡沫灭火系统由泡沫液储存罐、泡沫液泵、比例混合器、各个控制阀门、管路、泡沫枪(炮)等组成。甲板系统的泡沫液储存罐、泡沫液泵、控制阀、比例混合器设置在泡沫间,通常将泡沫间布置在液货舱区域以外靠近起居处所,并能在被保护区域失火时易于人员到达,并易于操作之处。为了隔离系统总管的损坏部分,泡沫总管和消防总管均应装设隔离阀,这些阀应安装在紧接泡沫枪(炮)之前的管路上。

甲板泡沫灭火系统是利用泡沫原液和消防水通过比例混合器按比例进行初次混合后,再通过管路形成充分混合的混合液,由消防泵驱动从泡沫枪(炮)喷口高速喷射时吸入空气而形成覆盖于燃烧液面上泡沫层的消防装置。

2.船舶高倍泡沫灭火系统的工作原理

船舶高倍泡沫灭火系统是为扑救机舱火灾而配备的消防系统。其结构原理见图8-3-1。

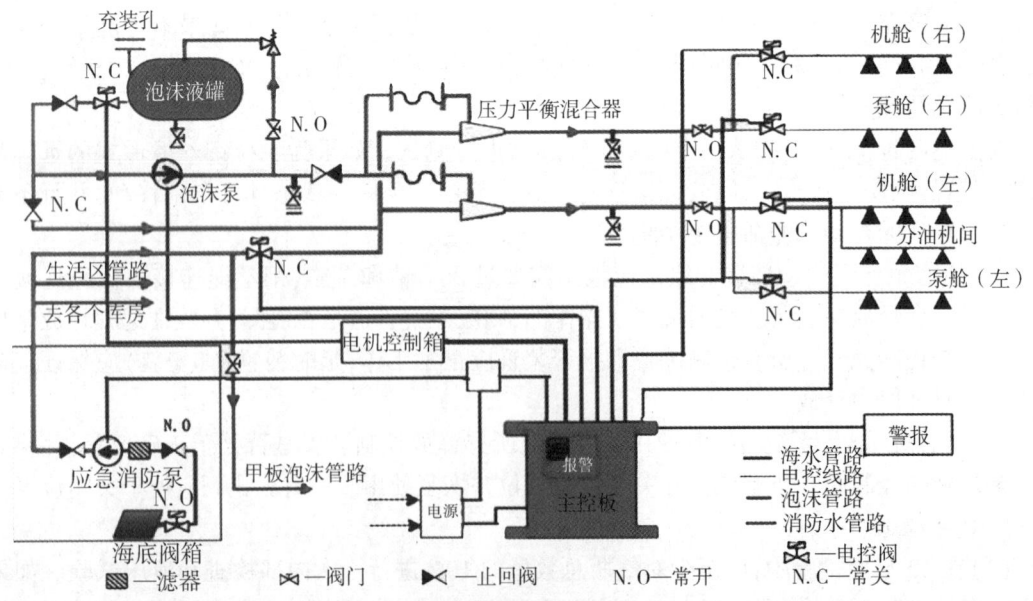

图8-3-1　船舶高倍泡沫灭火系统原理图

二、船舶泡沫灭火系统的核准

1. 公约要求

甲板泡沫灭火系统是油船和散化船普遍配备的甲板灭火系统。其泡沫液的配备标准如表 8-3-1 所示。

表 8-3-1　船舶甲板泡沫液的储备量

油船	化学品船
泡沫供给量不得小于下列要求	
按货舱甲板面积：0.6 L/m² · min 计算	按货舱甲板面积：2.0 L/m² · min 计算
按最大水平截面积的货油舱：6 L/m² · min	按最大水平截面积的货油舱：20 L/m² · min
完全位于泡沫炮前方的最大保护面积：3 L/m² · min，且不小于 1 250 L/min	不小于 1 250 L/min
至少能产生泡沫 20 min①	至少能产生泡沫 30 min

2. 计算核准

船舶配备甲板泡沫液的计算过程如下例。

现在我们以某 30 万载重吨级的原油油船为例进行说明。

船舶基本参数：船舶总长：333.00 m；垂线间长：320.0 m；船宽：60.0 m；夏季载重吨：320 000 t；货油舱数量：15 只舱（中 1 到中 5，5 对左右边舱）。

（1）计算标准 1：按照保护的全部货舱区域计算泡沫供给率

根据船舶布置图，机舱后壁到舵杆中心的长度：800×17 = 13 600 mm；机舱长度：900×36 = 32 400 mm；泵舱长度：4 100 mm；艏柱到货舱前壁的长度：2 400×4.5 = 10 800 mm；货舱的保护区域沿船长方向：320−13.6−32.4−4.1−15.3 = 259.1 m。

按货油舱区域甲板 0.6 L/m² · min，此处货油舱区域面积是指，船舶最大宽度 B 乘以全部货油舱处所的纵向总长度 L；则 Q_1 为：

$$Q_1 = 0.6 \times L \times B$$

$$Q_1 = 0.6 \times 259.1 \times 60 = 9\ 327.6\ \text{L/min}$$

（2）计算标准 2：按照单个货舱的最大面积，计算泡沫供给率

从布置图可以知道，货舱的长度均为：5 660×9 = 50 940 mm；货舱宽度为 22.8 m；单个最大货舱的面积：50.94×22.8 = 1 161.432 m²。

所以按照最大货舱的面积计算：$Q_2 = 6 \times 1\ 161.432$

$$Q_2 = 6\ 968.592\ \text{L/min}$$

（3）计算标准 3：按泡沫枪（炮）所保护的并完全位于该炮前方的最大面积计算

①对泡沫炮的要求：按照泡沫炮的保护面积计算泡沫液量时，还需考虑 SOLAS 公约对泡沫炮的要求：每一泡沫炮要能满足全船泡沫溶液供给率的 50%；从泡沫炮至前方所保护区域最远端的距离，应不大于该装置在静止空气中射程的 75%。

对比 Q_1 和 Q_2，我们选取 Q_1 为设备选型依据：选取泡沫炮的排量应该不小于：9 327.6×

---

①现代油船都安装了惰性气体保护系统，所以，泡沫系统的工作时间设为 20 min，否则，应为 30 min。

$50\% = 4\ 663.8$ L/min。

②设备选型:根据①的要求,选取某型泡沫炮。某型泡沫炮的参数如表 8-3-2 所示。

表 8-3-2 某型泡沫炮的参数

序号	参数	指标
1	流量	7 420 L/min
2	工作压力	0.6 MPa
3	射程(平静空气中 R0)	65 m

由该炮的参数可得,泡沫炮的供给率为 7 420 L/min。

(4)计算结果:对比 Q_1、Q_2、Q_3 可以确定,本船甲板泡沫灭火系统的泡沫供给率为 9 327.6 L/min。本船泡沫液的技术数据如表 8-3-3 所示。

表 8-3-3 本船泡沫液的技术数据

序号	参数	指标
1	泡沫类型	3%氟蛋白泡沫
2	混合比	3%的泡沫加97%的海水
3	膨胀比	<12

据此,我们计算船舶应储备的泡沫液的数量。计算泡沫液时,需考虑增加 5% 的冗余量,则:$Q_4 = 9\ 327.6 \times 3\% \times 20 \times 105\% = 5\ 876.388$ L,所以本船至少应该配备 5 900 L 泡沫液。

最后,再提醒同学们:实际上泡沫炮的布置依据也是上述数据要求和计算结果。

三、船舶高倍泡沫灭火系统

对于大型空间的保护,高倍泡沫是一种优良的二氧化碳替代品。该系统可用于任何船舶上,特别是当保护区大于 3 000 m³ 时其成本效益最优。高倍泡沫被广泛应用于保护油船的机舱、泵舱以及部分散货船的机舱。高倍泡沫有如下特点:

1.发泡量大。其泡沫的气泡直径一般为 10 mm 以上。发泡倍数一般为 400~800 倍。

2.易于输送。由于高倍数泡沫密度小,又有很好的流动性,所以高倍泡沫有很好的流动性。

3.有良好的隔热作用。灭火时,大量的泡沫不仅会把燃烧物与空气隔离开,而且也会将火床淹没在泡沫层以下。泡沫层可以将热量限制在泡沫层下,避免热量散失。但是高倍泡沫在淹没火场的情况下,也会将火场中处于火焰威胁下的人员和设备遮蔽起来。

4.泡沫本身无毒。因为泡沫中含有大量的空气,所以不会造成被掩盖人员窒息。

5.易于清除。高倍泡沫灭火后极易清除。人工清除时可用排风扇、开花水枪等方法直接消泡,当时间允许时也可采用自然消泡的方式开启门窗及通风孔。泡沫自行消除的速度约为 0.7 m/h 且消后不留痕迹。

6.高倍泡沫不会对人员或环境产生危害,也无须在释放系统前撤空火区。迅速释放减少了火灾对设备造成的损害。相比于二氧化碳灭火系统,它无须在系统释放前封闭火区。除灭火效果外,该泡沫还具有冷却效果,能降低复燃的风险。若火势复燃,该系统还能重启,因为泡沫足够填充火区 5 次。

7.高倍泡沫灭火系统的缺点在于泡沫可能会渗入电气设备的内部,对电气设备造成损害。

高倍泡沫灭火系统一般用于油船的机舱、泵舱、货油舱等处所。船舶高倍泡沫系统是将 4~7 kg/cm^2 压力的水源接入后,由混合器吸入泡沫液,再由泡沫泵将泡沫液输送至高倍泡沫发生器。泡沫发生器由风扇、发泡网和喷嘴等组成。当该泡沫发生器工作时,将泡沫液与水的混合液经喷嘴喷成锥形水雾,均匀地喷洒在特制的网或金属孔板(泡沫形成网)上,同时,大量空气在风机吹送下以一定速度流向泡沫形成网,使泡沫形成网上的泡沫液和水的混合液被吹成直径为 3~5 mm 的泡沫,并在风的作用下,使泡沫涌向火场。高倍泡沫直径大于 10 mm,壁厚 0.1 mm,泡沫膨胀率应不超过 1 000∶1。

当高倍泡沫灭火系统被用于扑救舱室火灾时,应在适当(舱室高处)位置预留通风孔道,以保证高倍数泡沫注入舱室时排挤出的大量蒸汽逸出。预留的通风孔(蒸汽排放)处人员不宜滞留,以防被蒸汽灼伤。

高倍泡沫灭火系统泡沫液的储存量必须足以产生 5 倍于被保护的最大处所的容积的泡沫。泡沫量足以每分钟向最大一个保护处所至少注入 1 m 厚度的泡沫。

机舱在使用该系统灭火时应先示警,以便人员撤离。

四、高倍泡沫灭火系统的检查、维护和保养

结合国际海事组织海安会 MSC.1/Circ.1432 号通函,我们将高倍泡沫灭火系统的检查、维护和保养要求汇总如下:

1.每月测试和检查

检查所有控制阀和分配阀是否处于正确的开启或关闭位置,所有压力表是否在正确的范围内。

2.季度测试和检查

验证泡沫储存罐中存有满足要求数量的泡沫浓缩液。

3.年度测试和检查

(1)检查所有易接近部件,确认其处于可用状态;

(2)对系统内所有固定声光警报进行功能测试;

(3)对所有供水泵和泡沫泵进行测试,以确定压力和流量是否正常,并确认每一分区的流量和压力均能达到要求(确保所有管道在使用后用淡水彻底冲洗);

(4)测试系统与其他所有供水管线的连接是否正常;

(5)检查所有泵溢流阀(如有)是否正确设置;

(6)检查所有过滤器/粗滤器,确认其无碎屑和污染;

(7)检查所有控制阀/分区阀门是否处于正确位置;

(8)用干燥的压缩空气或氮气吹通排放管道或以其他方式确认管道和高倍泡沫灭火系统的喷嘴使用无障碍、无杂物阻塞和污染,如可能,可卸掉喷嘴检查;

(9)对所有泡沫浓缩液进行抽样检查,高倍泡沫浓缩液应按照海安会 MSC.1/Circ.1312 号通函进行定期试验,而低倍泡沫浓缩液,则按照海安会 MSC.1/Cir.670 号通函进行定期试验[注意:抗溶性泡沫液(非酒精)除外,其他类型的泡沫液需要被供应到船上 3 年后再开始进行第一次检测];

(10)测试连接到消防系统的所有燃油切断控制装置是否正常工作。

4.5 年检验（特检或者换证检验）

(1) 对所有控制阀进行内部检查；
(2) 用淡水冲洗所有高膨胀泡沫系统管道，并用空气吹扫；
(3) 检查系统所有喷嘴，以证明没有碎屑阻塞；
(4) 检测所有泡沫比例混合器或其他泡沫混合装置，以确认混合率偏差在认可的系统正常值的 -10%~30%。

第四节 干粉灭火系统

SOLAS 公约和相关规范要求，载货量为 1 000 m³ 或以上的船舶，应安装固定式干粉灭火系统。该系统至少由两个独立且自供气式（驱动气体）干粉化学装置组成。该装置包括相关控制装置、加压装置、中压管道、干粉炮/干粉枪（包括管线）组成。

一、工作原理

干粉灭火系统是以氮气为动力，向干粉罐内提供压力，推动干粉罐内的干粉灭火剂通过管路输送到干粉炮，由干粉枪喷出，以达到扑救可燃气体和电气设备火灾的目的。船用干粉灭火系统的组成：氮气瓶组、减压阀、干粉罐、启动装置（船舶上一般为气动启动）、干粉炮/干粉枪、阀门和管系等。船舶干粉灭火系统布置如图 8-4-1 所示。

氮气瓶组是整个干粉灭火系统的动力源；国产干粉灭火系统的氮气瓶一般为 70 L、充装压力为 15 MPa。氮气数量由实际使用的干粉进行计算：计算标准为 1 kg 干粉需要 40 L 标准大气压下的氮气进行驱动。

减压阀能够将 25 MPa 的高压驱动气体，减压为 0.5~3.5 MPa，并稳定输送到干粉罐。干粉罐是中压容器，由罐体、安全阀、装填孔（装粉口）、进气口及出粉口等组成。

干粉炮是由耐压铜材或不锈钢制成，根据要求电动干粉炮可在设计角度内进行仰俯和旋转操作。干粉炮用于扑救/控制大型气体火灾。

干粉枪与卷盘连在一起，卷盘中的软管长度可达 33 m，干粉枪用于扑救残火和小型火灾。

二、干粉灭火系统的核准

国际海事组织海安会 MSC.1/Circ.1315 号通函，规定了干粉灭火系统的测试项目，包括长距离管路释放时间、流量、低温运行、排放范围和外露配件盐雾测试等。

根据海安会 MSC.1/Circ.1315 号通函，对干粉灭火系统的核准，应注意：
1. 新建液化气体船舶，建议采用硫酸钾[①]作为灭火剂。
2. 干粉炮的排量根据其保护幅度决定，无论如何不得小于 10 kg/s，详见表 8-4-1。

[①] 硫酸钾与碳酸氢钠对比，其抗堵塞性能更好。

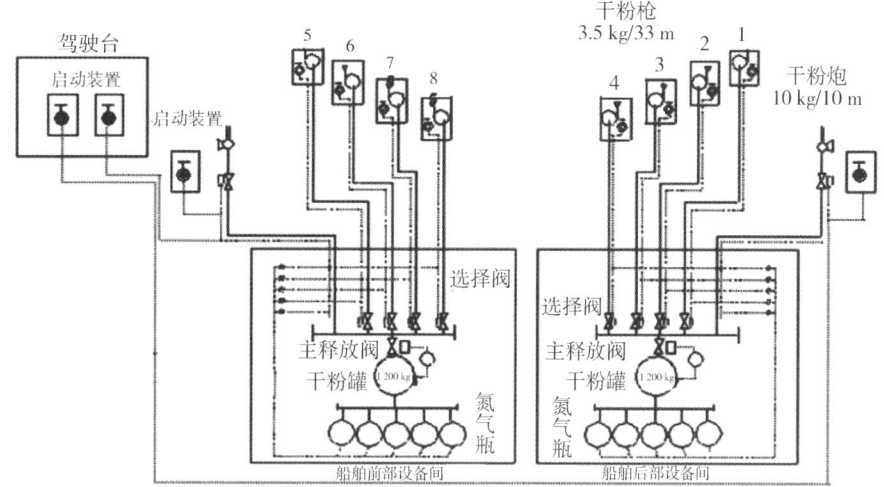

图 8-4-1 船舶干粉灭火系统布置图

表 8-4-1 干粉炮的排量要求

干粉炮的保护距离(m)	10	30	45
干粉炮的排量(kg/s)	10	25	40

3.干粉枪的排放速度不小于 3.5 kg/s;干粉枪的软管管路不可扭结,并配有喷嘴,能够开/关操作;能保证一个人便可以在最大排放速率下进行操作。连接干粉枪的软管长度不应超过 33 m。手动软管管路、喷嘴应为耐候结构,并储存在耐候外壳或容器中。

4.配备多个干粉炮、干粉枪装置的干粉灭火系统,其每个装置应具有独立的管道。干粉系统在持续或间歇使用期间,干粉管道的长度不应超过能够将干粉保持流动状态的长度。

5.采用制造商提供①的管道尺寸和长度数据进行校核。

三、对干粉灭火系统的检查、维护和保养

为了使设备处于随时可用的状态,船舶相关人员应该对干粉设备按照要求进行检查、维护和保养。具体要求如下:

1.每月测试和检查

检查所有控制分配阀是否处于正确的开启或关闭位置,所有压力表读数是否在正确的范围内。

2.年度测试和检查

(1)检查所有可触及部件的状况是否正常;

(2)检查压力调节器是否在校准范围内工作正常;

(3)根据系统制造商的说明,用氮气搅拌干粉(注:由于粉末对水分的亲和力,任何用于搅拌的氮气都必须是干燥的)。

---

① 干粉在管路中流动受多种因素影响,包括干粉罐释放压力、管径、弯头数量、高度和长度、喷头直径和干粉罐中吸入管直径等。

3.每两年进行一次测试和检查

（1）用氮气吹通排放管道，确认管道和干粉灭火系统的喷嘴使用无障碍、无杂物阻塞；
（2）试验控制阀和分区阀的本地和遥控操作功能；
（3）检查驱动气体钢瓶容量（包括远程操作站）；
（4）抽样检测干粉的水分含量；
（5）按照工作压力对干粉容器、安全阀和排放软管进行压力试验。

4.10年检验

由认可的服务机构对所有干粉灭火剂容器进行水压或无损检测。

第五节 水基灭火系统

船舶上应用比较普遍的水基灭火系统，除固定式水灭火系统外，还有自动喷淋灭火系统、压力喷淋灭火系统和高压细水雾灭火系统。

一、自动喷淋灭火系统的组成

自动喷淋灭火系统是客船普遍配备的固定消防及失火报警系统。自动喷淋灭火系统既具有一定的消防灭火功能，又具备探火报警功能。货船上较少使用自动喷淋灭火系统。

自动喷淋灭火系统的喷头在火灾高温作用下自动喷水的同时，系统能立即发出声光报警，并指示发生火灾的分区位置，从而及时召集船员对火灾进行扑救。

自动喷淋灭火系统能延滞失火处所的火灾蔓延，为控制火灾创造条件；该系统的安装应符合设备对运行环境（温度）的要求。该系统具有自动报警功能（有两套供电系统），可确保随时工作。

自动喷淋灭火系统由喷水器水泵、压力水柜、监控装置、管路和喷水器及试验阀等组成，其结构图如图 8-5-1(b) 所示。

1.喷水器水泵

设置自动喷淋灭火系统的船舶应设有一台专供喷水器自动连续喷水的独立的动力泵。系统的供水水泵应符合相应的流量要求，一般喷水器水泵的最小排量应足以在喷嘴所需的压力下覆盖面积为 280 m^2 以上。所以，喷水器水泵的最小排量为 280 m^2×5 L/min·m^2×60 min=84 m^3。

喷水泵应有 2 套独立动力源供电。当系统压力下降时，该泵应在压力柜内常备淡水排干之前自动启动，并应布置在被保护处所之外。

2.压力水柜

自动喷淋灭火系统中设有 1 个充有淡水和压缩空气的压力水柜。压力水柜的常备淡水量应等于喷水器水泵 1 min 的排量，该水量由稳压泵保证。整个压力水柜的容积至少等于常备淡水量的两倍。所以，压力水柜容积至少为 1 400 L×2=2 800 L。

3.监控装置

声光信号报警设施安装于客船驾驶台或消防控制站内，声光信号报警设施能显示出火灾区域。

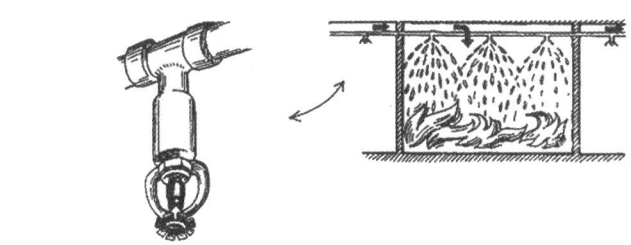

(a)自动喷水器和管路

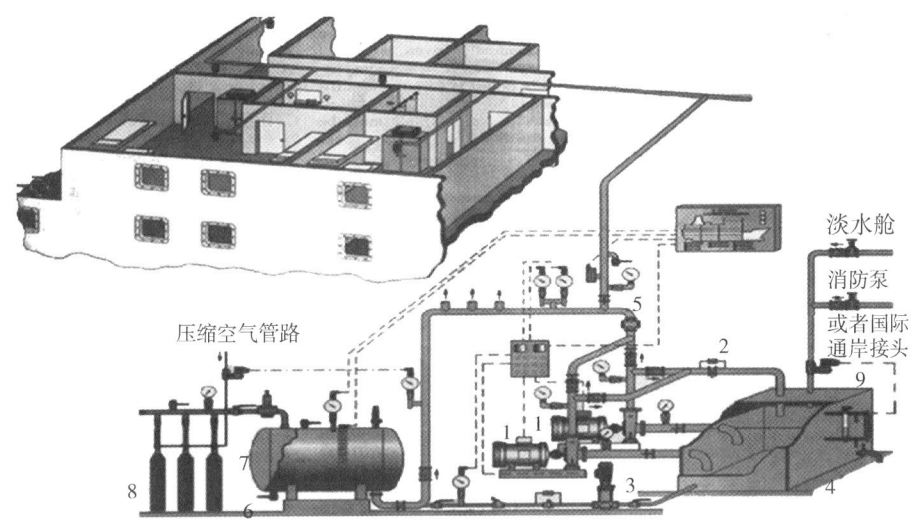

(b)自动喷淋系统结构图

图 8-5-1　自动喷淋灭火系统图

1—喷水器水泵；2—测试管路；3—补水泵；4—淡水柜；5—分区阀；6—放残阀；7—压力水柜；8—压缩空气阀；9—自动补水阀

4.管路和喷水器

如图 8-5-1(a)所示，系统管路的强度和尺寸均应满足要求，以保证任何舱室的喷水器都能保持要求的压力，并且能够保证保护面积内，所有的喷水器都能达到为 5 L/(min·m^2) 的流量。喷水器被分成若干分区，每个分区的喷水器不应多于 200 只。在起居处所和服务处所的喷水器动作温度为 68~79 ℃。喷水器能够提供其所保护的额定面积不少于 5 L/min·m^2 的平均出水量。客船上的喷水器分区应不多于 2 层甲板，且只能布置在一个主竖区范围内。

为了保障喷淋效果，喷水器的安装位置应无其他物件遮挡。喷水器的动作温度和其色标(控制部件的颜色)含义保持一致(见表 8-5-1)。图中黑框中的数据为我国船舶上经常使用的喷水器动作温度。

5.试验阀

每一喷水器分区应设有一个试验阀，试验阀用以放出相当于一个喷水器正常工作时的出水量。每一喷水器分区均可通过试验阀做人工泄放降压试验。当试验阀被打开后，系统中的水流出，系统中压力降低，此时自动声光信号报警动作，消防泵能自动启动。

表 8-5-1　喷淋出水器的技术数据①②③

舱室顶部最高温度(℃)	玻璃球喷水器		易熔元件喷水器	
	动作温度(℃)	工作液色标	动作温度(℃)	轭臂色标
38	57/68	橙/红	57~77	本色
66	79/93	黄/绿	79~107	白
107	141	蓝	121~149	蓝
149	—	紫	163~191	红
191	—	黑	204~246	绿
246	—	黑	260~302	橙
329	—	黑	343	橙

二、压力喷淋和高压细水雾④灭火系统

压力喷淋(也称作压力水雾灭火系统)和高压细水雾灭火系统包括固定式压力水雾灭火系统、等效细水雾灭火系统、客舱阳台固定式压力喷水灭火系统,为用于滚装处所、车辆处所和特种处所的固定式水基灭火系统。

船舶机舱如果安装固定式压力水雾灭火系统、等效细水雾灭火系统,该系统必须经过主管机关认可;同样,如果客舱阳台安装固定式压力水雾灭火系统,滚装处所、车辆处所和特种处所装设固定式水基灭火系统也应由主管机关予以认可。

压力喷淋灭火系统属于低压水基灭火系统,其压力不大于 1.2 MPa;中压水雾灭火系统的工作压力为 1.2~3.5 MPa;高压细水雾灭火系统的工作压力则大于 3.5 MPa。这里的压力是指系统管网中的流动水压力。

高压细水雾,也叫作微水雾滴,是以容积泵为基础,系统压强可达 100~200 MPa,实际工作中压力为 10~20 MPa。中低压细水雾灭火系统,即以离心泵为动力源,在管路中形成 1~2 MPa 的压力,水在 1~2 MPa 的工作压力下喷出,形成水雾或细水雾。如果水的压力大于 2 MPa,则也需使用容积泵作为基础。中低压细水雾灭火系统用水量大,雾滴粒径相对较大,喷头的流量系数较高,需要较多的用水量,水渍影响也大。

目前,船舶机舱的固定式局部水基灭火系统基本采用细水雾灭火系统,该系统采用淡水作为灭火介质,具有环保、易于存储、灭火效果良好、对设备破坏性小等特点。以最常见的泵式局部细水雾灭火系统为例,系统主要由泵组、控制箱、选择阀、管系、探测警报、喷头等组成,如图

---

①GB 5135.1—2019 自动喷水灭火系统第 1 部分:洒水喷头标准。
②美国消防协会.自动喷水灭火系统安装标准.2013 版。
③船舶消防指南,中国船级社。
④细水雾是指在最小工作压力下产生的,距喷嘴 1 m 处的平面上,雾滴累积体积分布参数 DV0.99<1 000 μm 的水雾(NFPA 750 标准)。高压细水雾是指在不小于 10 MPa 压力下,产生的 DV0.99<100 μm 的水雾。

8-5-2 所示。低压水雾灭火系统的喷头如图 8-5-3 所示;中高压细水雾灭火系统的喷头如图 8-5-4 所示。

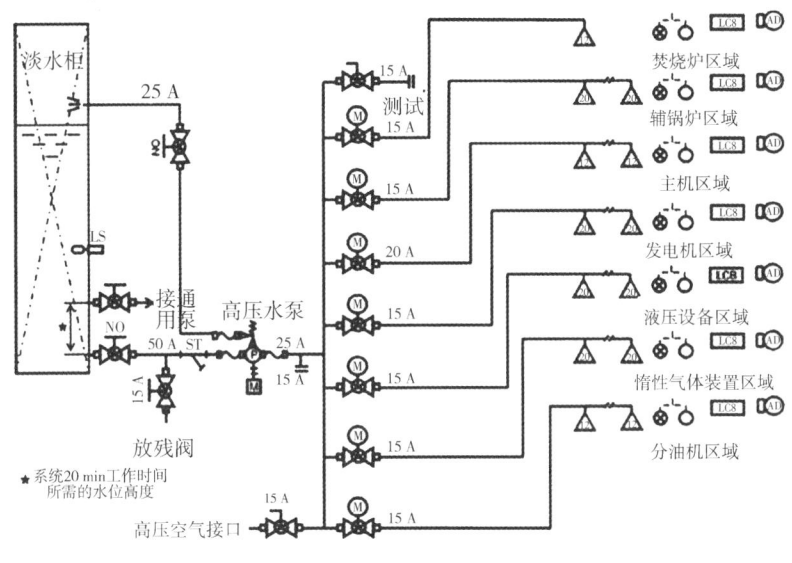

图 8-5-2　船舶高压细水雾系统图

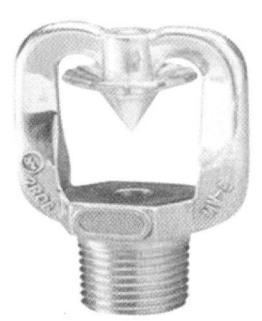

图 8-5-3　低压水雾灭火系统的喷头

图 8-5-4　中高压细水雾灭火系统的喷头

三、水基灭火系统的布置

（1）检查喷嘴和探测器的安装位置。如,安装在锅炉、焚烧炉燃烧器上方的探测器是否被遮盖;喷头位置是否有遮挡而影响喷淋效果。

（2）手动测试水泵的运转。模拟触发一个探测器来检查火灾探测,确保相应的警告/报警灯发亮,在控制面板上显示出正确的火灾区域。

（3）在同一区域中的两个探测器被触发时,检查水雾自动释放装置是否被触发,确保相应报警探测器被触发(两个探测器:一个为感光报警探测器,一个为感烟报警探测器,只有两个同时被触发,水雾才会自动释放)。

（4）试验手动释放按钮,检查水雾释放和相应报警可被正常触发。

四、水基灭火系统的检查、维护和保养

国际海事组织海安会 MSC.1/Circ.1432 号通函给出了指导性要求。具体要求如下：

1. 每周测试和检查
(1) 检查所有控制面板指示(灯)和警报是否正常工作；
(2) 目视检查泵组及配件；
(3) 检查泵组各阀门的位置，确认阀门没有锁定(如适用)。

2. 每月测试和检查
(1) 检查所有控制阀、泵组和分区阀门是否处于正确的开启或关闭位置；
(2) 检查喷水器压力水柜或其他储水容器的水位是否满足设计要求；
(3) 测试所有系统泵的自动启动装置是否满足设计要求；
(4) 检查所有备用压力表和空气/气体压力表是否在正确的压力范围内；
(5) 抽检测试选定的系统分区阀的流量和警报是否正常启动(应逐一选择用于测试的阀门，以确保所有阀门在一年内都被测试到)。

3. 季度测试和检查
根据制造商的水质指南评估集水箱和泵装置中的系统水质。

4. 年度测试和检查
(1) 使用每个分区的试验阀，以检查所有细水雾、水雾和喷水器系统是否运转正常。
(2) 目视检查所有可以接近的部件是否处于正常状态。
(3) 检查所有高压容器的外部是否有损坏和腐蚀的痕迹。
(4) 核查所有高压容器的静水压力试验日期。
(5) 测试系统内所有固定视听觉和视觉报警功能。
(6) 对所有泵组进行试验，以测试其压力和排量是否正常。
(7) 测试所有防冻系统是否有足够的防冻保护能力。
(8) 测试系统与其他供水管线的连接是否运转正常。
(9) 检查所有泵溢流阀(如设有)设定是否适当。
(10) 检查所有过滤器/滤净器是否有残渣和污染。
(11) 检查所有控制/分区阀的位置是否正确。
(12) 用干燥的压缩空气或氮气吹通排放管道，确认管道和高倍数泡沫灭火系统的喷嘴使用无障碍、无杂物阻塞和污染，如适用，可卸掉喷嘴。
(13) 测试应急电源转换(如适用)。
(14) 检查设置在敏感区域(像桑拿、水疗、厨房区)所有喷头，注意喷头可能受到的物理性损伤(如行李处理区、健身房、游戏室等)，要求一年内所有喷头都要检查一遍。
(15) 检查可能对系统有影响的任何改变，如通风管道的阻碍等。
(16) 对细水雾灭火系统的每个分区，最少选择一个喷嘴进行放水试验，应使所有喷嘴在 5 年内都被测试一遍。
(17) 根据下列流程图测试自动喷水器和水雾喷嘴(图 8-5-5 及图 8-5-6)。

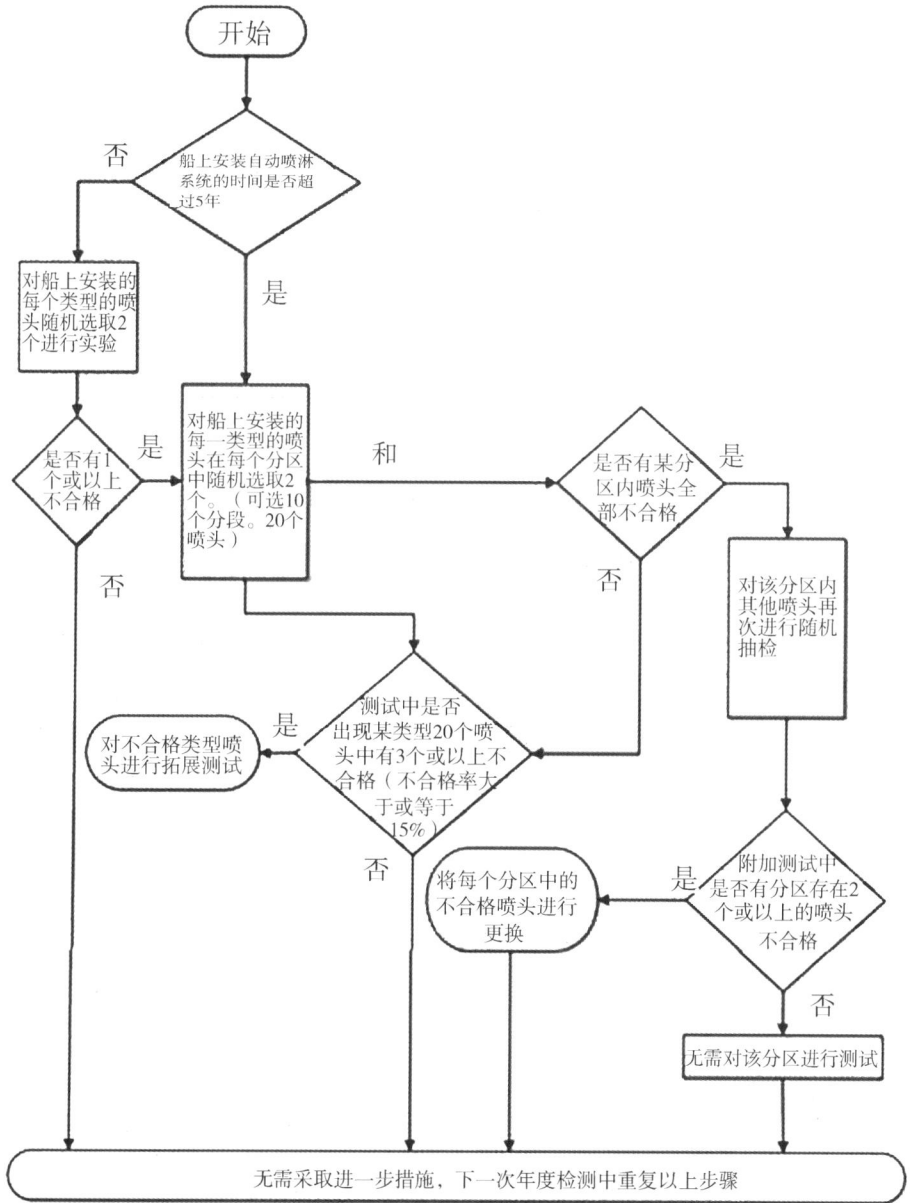

图 8-5-5　基本试验流程图

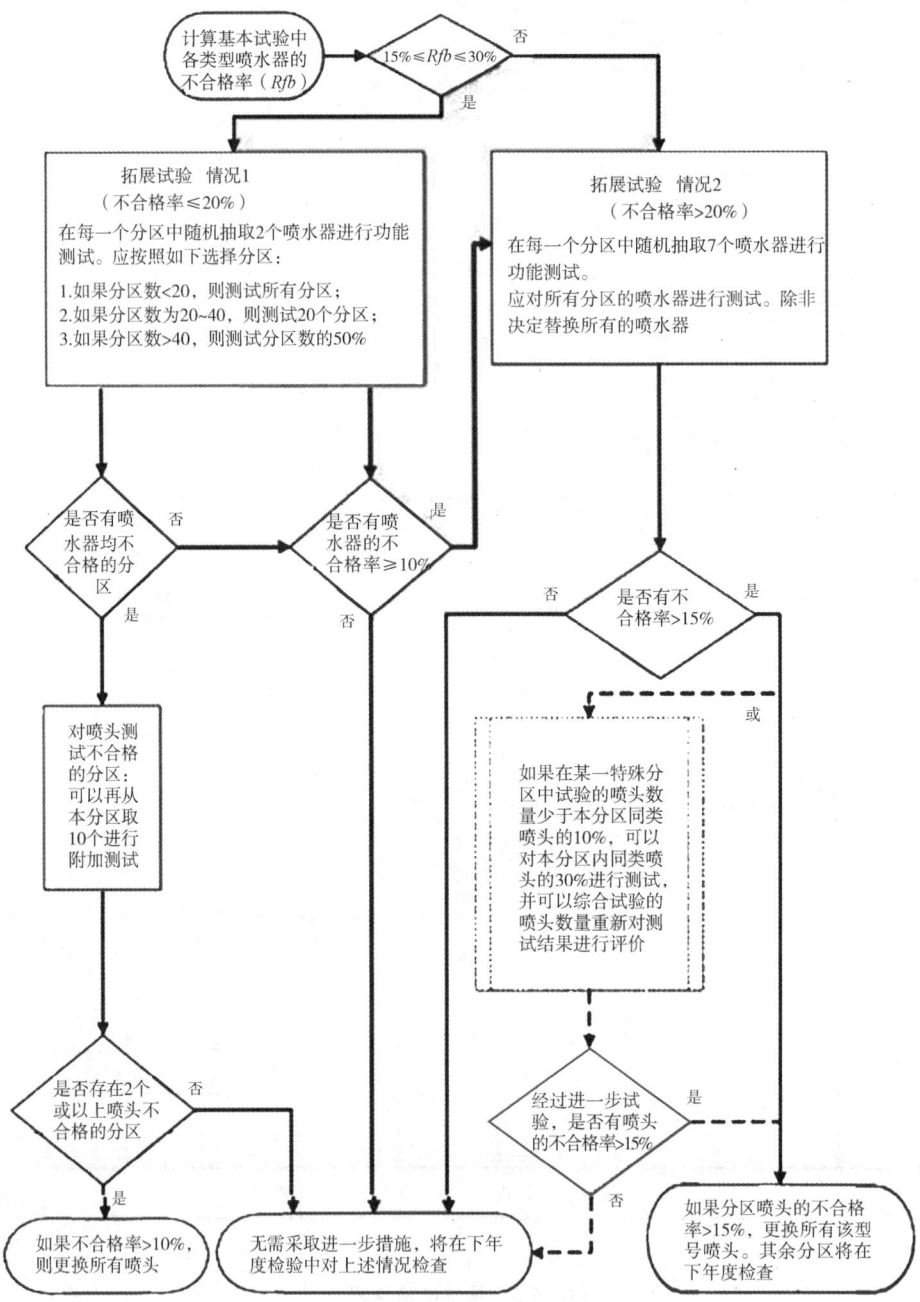

图 8-5-6　扩展试验流程图

流程图包括第 1 部分——基本试验流程图(图 8-5-5)和第 2 部分——扩展试验流程图(图 8-5-6),其相关解释性说明如下:

①功能试验定义为证明喷水器喷头/喷嘴运行和水流的试验;

②类型定义为喷水器喷头/喷嘴的每种不同制造商型号;

③静/备用压力定义为系统在启动前始终保持的恒定压力;

④所有试验应在静/备用压力下进行;

⑤故障率(RFB)是指在功能试验过程中,出现故障的喷水器喷头/喷嘴的数量除以试样总量后乘以100%所得到的值。

(18)在(17)所列自动喷水器喷头/喷嘴的基本试验和扩展试验(如适用)期间,应对每一相关管路分区进行水质试验(注:一旦试验的喷水器发生故障,对那一个分区的相关水质进行评估将有助于确定故障起因)。

5.5 年检验（特别检验或者换证检验）

(1)冲洗所有甲板喷淋系统管道,冲洗后排水并用空气吹扫管道;

(2)对所有控制/分区阀进行内部检查,如果过去5年内未按照海安会 MSC.1/Circ.1165号通函年度测试和检查一节第18段所述进行过测试,则应在所有相应的管道段进行水质测试;

(3)检查任何电池的状况,或根据制造商的建议进行更换;

(4)对于排水或冲洗后重新注满水的每个部位的水质应符合制造商指南要求,应对更新后的水质进行测试,并将其记录,以协助未来对任何一个相应分区进行水质监测。

6.10 年检验

根据要求,对系统中的气体压力钢瓶等压力容器进行水压试验和内部检查。

课后练习题

1.简述船舶固定水灭火系统的组成及日常检查、维护和保养要求。
2.根据下图回答以下问题：

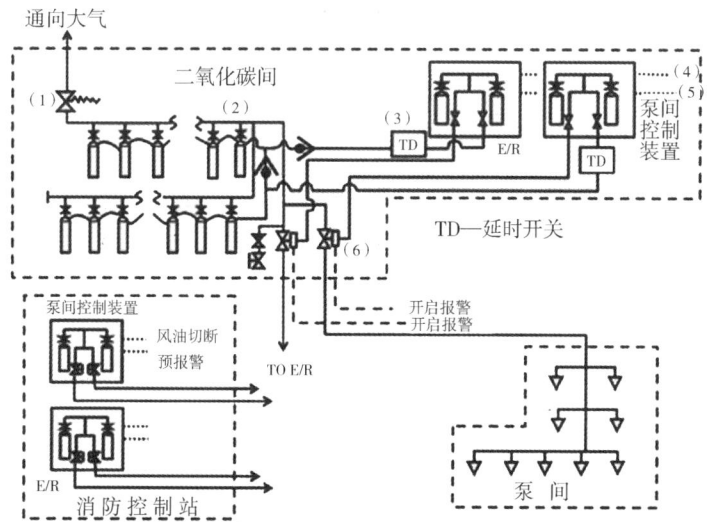

高压二氧化碳灭火系统操作原理图

(1)请分别指出图中(1)-(6)的名称。

(2)请简述操作过程。

(3)如果某船的机舱容积为 2 100 m³,请计算针对该机舱的二氧化碳灭火系统的灭火剂应为多少瓶。

3.某载重量约为 5 000 t 的油船,其最大宽度 $B=14.6$ m,全部货油舱处所的甲板纵向总长度 $L=52.5$ m,最大货油舱的甲板长度 $l=13.3$ m。按规范的规定,对该油船泡沫液量进行校核(注意该船选用排量为 1 440 L/min 的泡沫炮)。

4.SOLAS 公约对自动喷淋系统的要求:喷水器能够提供其所保护的额定面积不少于 5 L/(min·m²)的平均出水量。请同学们根据自己掌握的理论,计算一下,喷水器的出水口尺寸应该多大,并简述如何检查各个喷嘴。

第九章
船舶消防应急组织及其训练

法定检验和船级检验是对船舶设备和结构进行检验,以确保船舶消防设备随时可用的常规手段。除此之外,既对船舶设备和结构进行检验,又对船员操作进行检验的主要手段是操作性检查,即港口国监督检查。

第一节 船舶消防应急组织

船舶消防应急组织是在船舶日常工作组织的基础上,按照船舶消防应急行动的要求,将人员进行重新组合并结合船舶消防设备而组成的消防应急队伍。

一、船舶应急组织

现代船舶日常组织分为三个部门,分别为甲板部、轮机部和事务部。工作中,上述三个部门各司其职,以保证船舶正常营运。一旦船舶发生火灾,这三个部门的人员,会按照消防行动的要求,重新组合成一个全新的组织——消防应急组织,展开应急行动。

船舶消防应急组织的形式不是固定的。按照船舶火灾应急的功能要求,船舶消防组织一般分为5个部分,分别为指挥控制组、现场应急组、技术组、支持急救组和机舱组。

为了保障船舶火灾应急行动的高效性,每个应急组的职责应进行规范(从各个组的名字就可以判断出各个组的应变职责)。下面简单介绍一下各个消防应急组的职责:

第一,指挥控制组(command and control squad)。指挥控制组主要负责对整个应急行动的指挥。其最终目标是确保人、船、货物及环境安全。消防指挥是该组的工作中心。指挥控制组应迅速收集其他几个消防应急组的信息;根据上述信息,对整个紧急形势和发展趋势做出预判,之后确定战略和战术目标;接着指挥控制组就可以围绕战略和战术目标,下达命令。指挥控制组在收到各种信息后,需要实事求是地进行记录。如果船舶在航行期间,指挥控制组还需根据船舶所处的海域情况,适当采取相应的操纵措施,以保障船舶航行方面的安全。

第二,现场应急组(fire fighting squad)。现场应急组主要负责消防现场的灭火工作。现场应急组主要是实现指挥控制组的战略和战术意图。如果需要执行直接进攻的战术,需要指挥消防水带组、可携式灭火设备组等进入火场展开扑救。现场应急组的工作是消防行动中的重点,责任重,危险大,需要组中人员具有娴熟的技术。

第三,技术组(technique squad)。技术组需要给整个消防应急行动提供技术上的支持和保障,并利用技术组中有关人员的技术来保障消防现场油、水、电等的供应。技术组需要完成的技术操作,包括:关闭速闭阀;停止失火处所的电力供应;根据命令停止或适当保持失火处所的通风;做好大型固定消防系统的释放准备,并在需要时,及时准确释放;对火场相邻舱室的火灾蔓延途径进行有效监控。

第四,支持急救组(support & first aid squad)。支持急救组的工作应该包括两个方面,在没有人员伤亡的情况下,根据需要对现场应急组、技术组进行支援;如果出现人员伤亡的情况,需要对伤亡人员进行处置,特别是对受伤人员进行现场救护。该组的支持工作包括但不限于:做好随时替换进入现场灭火的人员;做好正压式空气呼吸器等灭火设备的供应;保证火场周边的舱壁得到冷却;检查并隔离周边舱室的可燃物品;关闭防火挡板或挡火闸。

第五,机舱组(engine room squad)。这个组可以由指挥控制组和技术组直接领导。机舱组在消防应急过程中,主要负责启动应急发电机,并将应急发电机并入船舶电网运行;启动运行消防泵。

实践中,当船舶人数少于20人时,可以根据船舶的具体情况,酌情调整消防应急组织的结构形式,比如,将技术组的工作拆分到现场应急组和支持急救组中;对于人数特别少的船舶,还可以在上述调整的基础上,减少指挥控制组的人员数量。

无论消防应急组织的结构如何,在构建时需要考虑命令链、层级结构和控制幅度三个问题,使整个消防应急组织结构合理,行动高效。

二、应变部署表

船方根据 SOLAS 公约要求,将船舶消防和救生两项应急行动的应急组织,用一个文件告知所有在船人员。该文件就被称作应变部署表(muster list)。

应变部署表是船舶消防应急组织的具体体现。每一船舶都应在船舶消防应急组织的基础上编制应变部署表。在应变部署表中,明确指定每个人在紧急情况下应到达的岗位及执行的任务。为了能够快速有效地执行应变部署,船舶应定期进行训练及应变演习。

1.应变部署表的编制原则

应变部署表的管理是由船长总负责。三副根据船长对船舶应急消防组织的构想,于船舶开航前编制好应变部署表,经大副审核,船长批准签署后公布实施。编制应变部署表时,船员具体职责的分配应遵循下述原则:

(1)关键岗位、关键操作安排得力人员;实际上这一条的实现主要就是根据船员的职务编制应变部署表;

(2)根据本船情况,可以一职多人或一人多职,对于船上职务相同的多个人员,应根据船员个人的能力编制;这要基于编制应变部署表的人员对船上人员有充分的了解;

(3)人员编排应最有利于应变任务的完成。实际编制应变部署表时,应充分考虑船舶的实际需要及每位船员的职务和应变能力,船舶部门的局限性,统筹兼顾,合理地安排每位船员的应变岗位,以保证船舶在应急状况时,每位船员都能发挥出最大的力量。

2.应变部署表的内容

应变部署表的主要内容包括：应变信号，船员名单，每个人在求生和消防时的应变分工（包括职责和岗位），说明和船长的签章。

应变信号包括四种：分别是集合信号、火警信号、人员落水信号和解除信号。对于集合信号，推荐使用在国际救生设备规则(LSA)中明确推荐的信号，即通用紧急报警信号。通用紧急报警信号的特点为 7 个短声后跟 1 长声，信号持续时间为 1 min。如果船舶用通用紧急报警信号作为消防集合信号，发送信号的同时，船长还需通过广播系统，明确信号的目的是演习还是真正火灾应急以及集合的地点。

对于火警信号，目前有两种情况，第一，国内常用的消防应急信号特征为：信号为连续 30 s 以上短声，短声之后接 1 长声代表船前部着火；接 2 长声代表船中部着火；接 3 长声代表船后部着火；接 4 长声代表机舱着火；接 5 长声代表船舶上层甲板着火。使用该信号的船舶应注意：自动火灾探测报警系统中固化的火警信号可能不同于该信号；还有该信号的周期明显太长，这就意味着信号阶段的时间会导致火灾的发展和蔓延。国际海事组织在《2009 年警报器和指示器规则》中推荐使用"周期为 10 s 的连续短声"为火警信号。

人员落水信号为 3 长声。无论哪种信号，对应的结束或解除信号都是相同的，即 1 长声，持续时间为 30 s，也可通过广播系统，由船长口头宣布。

为了便于船员掌握应变部署表的内容，应变部署表应张贴在船上人员经常集聚或活动的场所，如通道、走廊、餐厅、活动室、会议室等。同时驾驶台、机舱集控室也应分别张贴。

三、应变部署卡

应变部署表是针对全体在船人员的，所以篇幅长、内容多。这对有些船员来说，不宜快速掌握自己的应变岗位和职责等内容。为了解决这个问题，在应变部署表之外，船上还为每个人员编制好了应变部署卡。

应变部署卡，一般被称为 emergency card。每个船员都应有一张自己的应变部署卡。按照中国船舶的习惯，应变部署卡常被固定于床头，所以，应变部署卡又被称为"床头卡"。

在客船上，由于旅客未接受正式的应急训练，所以针对旅客的应变部署卡需要将应急中的一些细节问题解释清楚，以便旅客牢记并在需要时执行，所以客船上针对旅客的应变部署卡稍微复杂些。

第二节　扑救小型初期火场的训练

STCW 公约在防火与灭火培训方面有三个要求：第一，能够正确选择泡沫、干粉或其他合适的化学灭火剂；第二，能够正确使用各种类型的手提式灭火器；第三，能够扑救小火，如：电器火、油类火、丙烷火。

一、灭火剂的选择

不同种类的灭火剂，适用于不同类型的火灾。在开展消防工作时，如果灭火剂选择不当，不仅扑灭不了火,还有可能引起不利于火灾扑救的其他化学反应,甚至造成爆炸伤人事故。通常可以根据表9-2-1,选择合适的灭火器(剂)。

表 9-2-1　不同灭火器(剂)适用火灾分类表

灭火器 火灾	水	泡沫	干粉	二氧化碳	湿性化学干粉
A 类火	√	√	√	×	√
B 类火	×	√	√	√	×
C 类火	×	×	√	×	×
D 类火	×	×	√	×	×
E 类火	×	×	√	√	×
F 类火	×	×	×	×	√

注:
①√代表适用;×代表不适用;
②D 类火灾是轻金属引起的火灾;使用 D 类干粉扑救;E 类火灾是带电设备火灾;F 类火灾是烹调油类火灾,一般的灭火器扑救,效果都不好,湿性化学干粉灭火器扑救效果最好。

二、各种灭火器的使用

通常船舶用手提灭火器的使用可以总结为"七步操作法"。七步操作法包括 4 个普通操作程序和 3 个辅助环节。

4 个普通操作程序可以概括为:PASS;P 代表拔掉保险销(Pull the safe pin);A 代表对准火焰根部(Aim at the base of the fire);S 代表压下灭火器顶部的操作手柄或杆(Squeeze the top handle or lever);S 代表左右扫射(Sweep from side to side)。

3 个辅助环节分别为:(1)保证灭火器的使用性能。对于储压式灭火器,使用前需要注意观察压力表的指针,指针一定要位于绿区;对于驱动气瓶式灭火器可以在安全距离上进行试喷射;(2)从上风处低姿态接近火场;(3)在完成扑救任务后,需保持喷射姿势,以倒退方式退出火场。

三、扑救小型火灾

(1)电气火

对于电气火,灭火人员首先应该知道,对于此类火灾最好的灭火剂就是二氧化碳,也可使用干粉灭火器。但是扑灭电气火时需注意,如果可行,一定要先断电,然后再扑救。当然,对于电气设备也可带电扑救。使用二氧化碳灭火器或干粉灭火器扑救电气火时,应按照七步操作法,展开灭火。

(2)油类火

油类火属于可燃液体着火,扑救油类火首选的应该是泡沫灭火器。但是对于油类火,在扑救的同时,也需将油料的泄漏点找到,并进行封堵处置。如果利用泡沫灭火器扑救油类火,应按照下述程序操作:

①启动泡沫灭火器。空气泡沫灭火器的使用方法同干粉灭火器。

②用泡沫灭火器扑救油类火时,需将泡沫喷向火源附近的立面或者是从火源的上风开始布设泡沫层,要从上风面向下风面平推,平稳地将燃烧液面火焰全部覆盖,这样才能使火焰熄灭。

③灭火后要注意防止复燃,因为手提灭火器容量小,往往是表面火扑灭了,过一段时间后又会复燃。

除泡沫灭火器外,干粉灭火器也可扑救油类火。干粉灭火器扑救油类火应按照七步操作法,展开灭火;并且对于在压力作用下喷射出的油类火(喷射火),应首选干粉灭火器。

(3) 丙烷火

小型丙烷火的扑救,关键不在灭火,而在于切断气体的泄漏源。如果火情已经影响到周边的结构或设备安全,则需要控制火情——即控制火势。控制气体火势,最合适的灭火剂就是干粉。在控制火情的基础上快速定位泄漏源,并采取措施切断气体的泄漏。

手提式干粉灭火器使用方法已在前面讲过,此处不再赘述。

四、扑救小型火灾需要注意的问题

(1) 先确保人员安全,再考虑扑救火灾;
(2) 对于复杂的火场,先扑救周边火,再扑救中心火;
(3) 对于上下蔓延的火场,先扑救火场上侧的火,再扑救地面的火;
(4) 扑救火灾从上风开始,逐渐向下风移动。

扑救过程中需要注意处理好控制和扑救的关系,不要使小火变成大火。

第三节 水带小组

水带小组是整个船舶消防应急行动中的重点。水带小组由2~4人组成。水带小组的操作水平直接影响着船舶消防应急行动的效率。

一、水带小组的组成和训练

1.消防水带的铺设

现在船舶消防水带有两种存放方式:转盘式和卷盘式。对于转盘式水带,首先,打开水带箱门,将水枪与水带连接好,并引导水带向前铺设,直至水带被全部拉出;其次,将水带连接到消防栓上;最后,供水。对于卷盘式水带,首先,打开水带箱门,背起水枪,一手抓住水带的两个接口,将水带抛开;其次,将水枪连接好;最后,供水。如果用两条水带供水,用同样的方式将另一条水带铺设好并和第一条水带连接。

2.水带小组的人员分工(以两条水带接合使用为例)

船舶水带小组通常由3人组成。按照顺序我们分别将他们称为1号、2号和3号。水带小组中的1号是水枪手。水枪手是水带小组的关键人员,在现场指挥不能履行指挥水带小组的责任时,水枪手负责指挥整个水带小组的行动;作为水枪手,首先应熟悉船舶结构,能准确判断火势,并及时根据火势给出正确命令。在履行指挥职责时,水枪手必须认真观察火场的变化,并根据火场变化调整并控制水枪的喷射角度和水流形式,保证将水流喷到燃烧物体上。2号位于水枪手的后面,应承担80%的水枪后坐力;并随着水枪手的命令移动水带。3号位于2号后面,应承担配合1号和2号快速移动水带的任务。

3. 水带小组的训练

通常船舶水带小组的组成人员需根据1号(水枪手)的位置,保持与1号一致,顺序在水带同侧站好。水枪手和2号(辅助人员)的间距保持在0.5 m,与3号的间距,根据实际情况定,原则上保持水枪与其他辅助人员之间的水带不接触甲板或者尽可能少接触甲板。这样的安排便于水带的快速移动和水枪操作练习。

对于1号站在水带的哪一侧,需要根据具体情况确定。对于扑救开敞甲板火灾时,没有明确要求。如果扑救室内火灾或生活区附近火灾时,水枪手的站位应保证利用墙角、门或其他结构作为保护屏障。

水带小组每次前进的距离为半步。也就是水带小组每个人每次移动都是前脚向前移动半步,后脚跟上,后脚不能超越前脚,类似于火场搜救的"曳步而行"。

水枪小组的常用指挥口令包括:前进、后退、向左、向右、蹲下、举高。

消防队员应根据火场的实际情况和需要,随时进行直流、窄水雾(水花)、宽水雾的转换。

二、消防队在室内扑救火灾(住舱和机舱)

室内火灾的扑救可以分为有明火和浓烟的舱室、充满浓烟的舱室两种情况。

1. 在有明火和浓烟的舱室进行扑救

舱室内失火,如果发现及时,舱室内的现象多为火焰和浓烟并存,处置这种火灾的方法较为直接,即消防员进入火场,将水(灭火剂)直接喷洒到火场中,将火势控制住直至将火熄灭。水带小组需注意:为了减少用水量,水流应以脉冲方式喷洒。

如果火势进入发展阶段,消防员不应只考虑控制火焰区的火焰,还需考虑舱顶浓烟对火场的影响。

2. 在充满浓烟的舱室内进行扑救

如果在发现火势后,为了避免火势在船舶舱室内蔓延,我们会将失火舱室的门窗和通风设备以及通风管路都关闭。但是在舱室内高温已经形成的情况下。虽然关闭了通风,但是可燃材料的热分解依然会在封闭舱室内进行。如果这段时间足够长,就会出现虽不见明火,但是浓烟会在舱室内逐渐积聚,直至充满整个舱室空间。在这种情况下,如果扑救火灾的消防员贸然进入,会面临很大危险。危险主要体现在打开舱室门时的回燃。

回燃是因为失火舱室在开始燃烧时积累了大量热量形成了舱室内的高温环境。关闭通风后,舱室内的氧气由于不能得到补充,使得燃烧的剧烈程度降低。燃烧的剧烈程度虽然降低了,但是还能维持舱室内高温。在高温下,舱室内的可燃物会形成热解反应,使得舱室内逐渐积聚大量的可燃气体。此时贸然打开门,新鲜空气会从门的下部补充进来。新鲜空气与舱室内的可燃气体混合形成爆炸性气体。当混合气被余烬点燃后,就会形成大强度、快速的爆炸。爆炸在舱室内发生的同时,在门外也会形成巨大的火球,从而对舱室门口的消防员造成危害。

消防员一旦确定了舱室内充满浓烟,就需要确定余烬的位置。消防员确定余烬的具体位置后,就可以确定下一步的行动。也只有确定了余烬的具体位置,才能有目的地将灭火剂投放到余烬上,实现灭火目的。对于生活区和机舱,如果能够看到明火,则可基本能够确定着火点位置;如果失火区域充满浓烟,则不能直接判断着火点位置。这就需要消防员要大致明确,着火点是紧邻进口,还是远离进口。最直接的判断依据就是舱室的门的情况。

3. 灭火操作

(1)确定着火点的位置

作为准备进舱灭火的人员,需要观察下列标志:①门是否变形。由于火场中的温度很高,高温作用下,门很容易变形;船舶上的门密封性很好,正常情况下,门缝隙不应该有烟雾冒出,如果观察到门缝隙有烟雾冒出,则说明高温已对门产生了影响。②判断门后面的温度是否已经很高,还有一个标志,就是门上油漆的变化,如果门上的油漆变色或起泡,则说明门后的温度很高。③最后还有一个判断门后温度的方法,就是用手背去直接感觉门板和舱壁的温度。依靠消防员的直接感受,判断门后的温度。如果进舱人员能够观察到上述任何一样标志,就可认为着火点就位于该舱室,如图9-3-1所示。

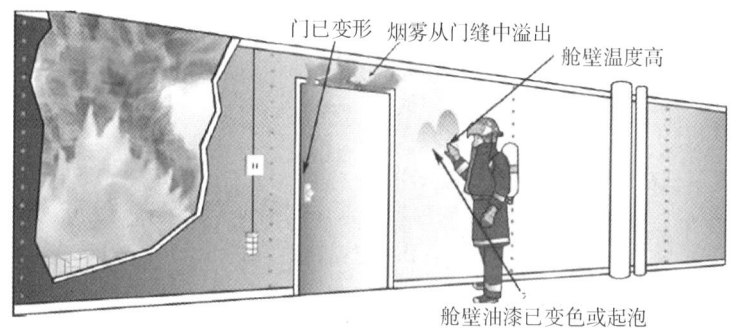

图9-3-1 确定火场位置

在确定着火点位置后,如果确定进入火场,还需预防回燃对消防员的伤害。具体预防措施体现在开门程序上。船舶上的门可以分为水密门和防火门两种。

(2)打开水密门的程序

如果经过上面的测试,判断门后温度不高,则消防员可以进入。但是为了确保安全,还需要消防员采用安全的进门方法。船上的门通常包括水密门和防火门。这两种门的开关方向不一致,所以开门的注意事项也不相同。

水密门通常为外开门。消防员打开水密门前,应穿戴好消防员装备,接近水密门后,先将门上的把手依次打开,打开顺序为先打开铰链侧把手,再打开对侧把手;打开把手时按照先上后下,最后中间的原则。当剩下最后一个把手时,将小臂紧贴在门上,两腿前后分开,身体倚靠在水密门上,用双手轻轻打开把手,并慢慢打开水密门。

(3)打开防火门

打开火场防火门的方法不同于打开水密门的方法。因为船舶防火门多为内开门。打开防火门时,先在防火门的把手上固定一根绳索,绳索由其他人员控制。开门人员,轻轻拧开门把手,并慢慢开门。如果发现有回燃危险,则控制绳索的人员,通过绳索快速将门关上。

(4)灭后程序及注意事项

无论是水密门还是防火门,在开门前,都应该布置好水带,通常布置两条水带。两条水带的操作人员均应保持蹲姿,并将水枪调成水雾状态,做好随时喷射准备。

对于空间较小的舱室,可以用一根水带扑救灭火,另一根水带保护。扑救灭火的水带可以布置在铰链对侧,防护水带布置在铰链侧。开门后,扑救火灾的水带用水雾封住门缝,并随着门缝开口的增大向天花板喷射水雾,并在水雾的掩护下,低姿进入失火舱室,进行扑救。

对于空间大的舱室,可能需要两条水带同时进入灭火。此时,应该将主攻水带布置在铰链侧;防护水带布置在对侧。随着门缝开口的增大,防护水带封住门缝,主攻水带在防护水带的保护下进入失火舱室。之后,两条水带均进入火场进行火灾扑救。

进入的水带小组通常运用三种操作技术——直流扑救技术,水雾扑救技术和组合扑救技术,对火灾进行扑救。

直流扑救技术是水带小组进入失火区域后,将直流或接近直流的水流直接喷射在火床上,直流扑救技术如图 9-3-2 所示。

图 9-3-2　舱室火灾的直流扑救技术

直流扑救技术可以快速将火势控制住,但是对于火场上方的热气层不会产生明显作用。一旦在火势的发展过程中产生了大量的过热气体,并形成了相对稳定的温度层,就需要用开花水流扑救技术,也被称为"水雾扑救技术"进行扑,如图 9-3-3 所示。

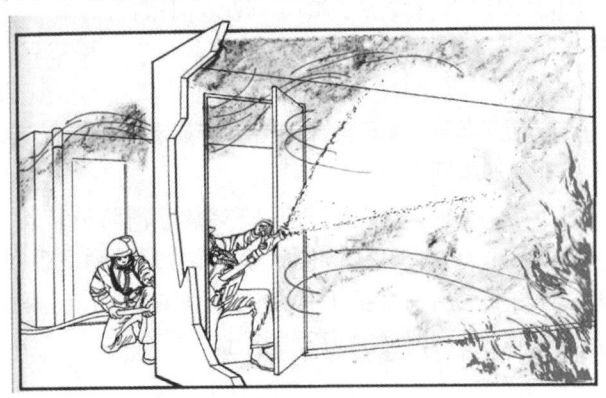

图 9-3-3　开花水流扑救技术

组合扑救技术是将直流扑救技术和水雾扑救技术结合起来。用一种既能将灭火剂直接喷射到火床(针对火),又能喷射到顶棚和高处舱壁(针对热气层)的技术对火灾进行扑救。喷射到顶棚和高处舱壁的开花水流会搅动高温热气层,同时吸热产生水蒸气;经过顶棚反射的水流再落到火场中,实现直流扑救。组合扑救技术通常要求消防员将水枪做 O-T-Z 式运动,如图

9-3-4 所示。

组合扑救技术既可以降低燃烧物的温度,又可以增加水的蒸发量,降低燃烧区域的氧含量,同时通过消防水的冲击运动将原来的温度层破坏,为火灾扑救创造条件。

直接扑救技术、水雾扑救技术和组合扑救技术均属于直接扑救战术。

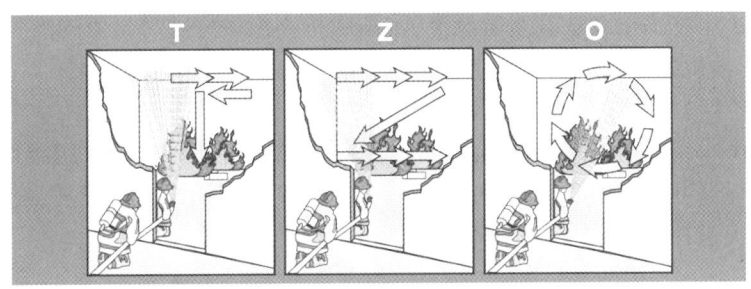

图 9-3-4　组合扑救技术

三、水(水雾喷头和散射水枪)和其他灭火剂(干粉、泡沫)扑救油类火

(一)用水扑救油类火

1.说明

需要说明的是,此处所说的水不是直流水,而是雾状水。细密的雾状水滴喷射覆盖到油层上,能够吸收大量的热,这一方面可使油层降温;另一方面可在火源上方形成一层蒸汽,将火源和空气隔离开。雾化越好的水滴,灭火效果越明显。

对于闪点为 49~121 ℃ 的柴油和润滑油等,水滴的平均直径应为 0.4~0.8 mm;对于闪点小于 49 ℃ 的汽油等液体,水滴直径必须小于 0.3 mm。另外,对于闪点在 30 ℃ 以下的可燃液体,水的温度接近或高于可燃液体的闪点。对于此类液体,水雾的主要作用是吸热蒸发,降低火场温度并生成大量水蒸气,降低油类火上方的空气氧含量。船舶配备的燃油闪点通常都不会低于 43 ℃。

2.实施

对于小型油类火,可以用一条水带进行扑救;对于大型油类火,应用两条水带实施扑救:其中,一条水带灭火,另一条水带防护或扑救;对于空间狭窄,难于到达的场所,可以使用水雾枪实施扑救。

3.注意事项

(1)消防员之间应保持沟通和配合,要做到步调一致、行动迅速和准确;

(2)及时调整两用水枪的出水状态,发挥其应有的灭火作用。

(二)水雾加泡沫扑救油类火

此处的油类火并非初期火灾,而是经过了发展的火灾。此处的水雾加泡沫并非将水雾和泡沫都加到燃烧的油面上。这里说的水雾主要是利用水雾的防护作用,让消防员尽可能地将泡沫散布到油类火面上。即,将水雾作为移动屏障使用。

具体操作是:第一,将泡沫灭火装置准备好(也可用手提式泡沫灭火器、推车式泡沫灭火器或者固定泡沫管线),如图9-3-5所示,并将泡沫灭火装置通过软管连在相关设备上。第二,出动两个消防水带小组。两个小组分别从两个消火栓连好两根消防水带;其中一根水带连好两用水枪,另一根消防水带连在泡沫喷枪上。第三,启动消防泵,给固定水系统供水。同时两个消防小组的各个人员,按照规定站好位置。第四,两个小组分别打开两个消火栓,给水带供水。第五,水枪小组将水枪调成宽水雾状态,泡沫喷枪小组做好随时喷射的准备。两个小组在现场指挥或泡沫喷枪操作人员的指挥下,接近火场。第六,当接近到适当距离后,泡沫喷枪开始喷射泡沫。泡沫一定要形成连续稳定的泡沫层。第七,当火灾扑救后,两个小组同时撤离火场。撤离时,两个小组都需要面对火场,不许背对火场撤离;同时水枪小组继续喷射宽水雾。泡沫小组调整喷枪的喷射角度,保证泡沫源源不断地喷射到油面上。最后,撤离到安全距离上,并在确认火灾被扑灭后,拆除水带,清理设备。

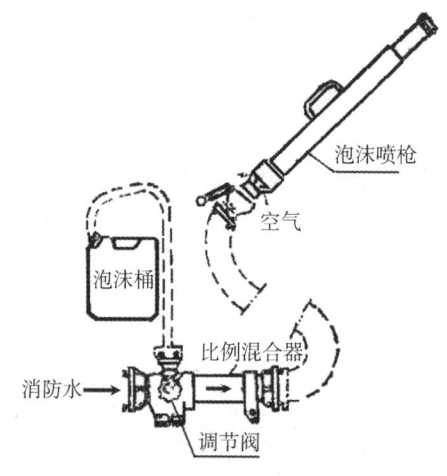

图9-3-5 可携式泡沫灭火装置

注意:如果需要,可以使用两条水带和一个泡沫枪来扑救油类火。

(三) 干粉加水雾扑救油类火

具体操作是:首先,准备两个消防水带小组和一个干粉灭火装置,干粉灭火装置可以是手提式干粉灭火器,也可以是推车式干粉灭火设备。第二,两个小组分别从两个消火栓连好两根消防水带并连好两用水枪。第三,启动消防泵,给固定水雾灭火系统供水。同时两个小组的人员按规定站好位置。第四,两个小组分别打开两个消火栓,给水带供水。第五,两个小组将水枪调成宽水雾状态,灭火器操作人员携带或推动干粉灭火装置,在两个水枪中间,随水枪同时前进,并做好随时喷射的准备。两个小组在现场指挥或在水枪操作人员的指挥下,接近火场。第六,当接近到适当距离后,干粉装置开始喷射干粉。第七,当火灾被扑灭后,两个小组和干粉操作人员同时撤离火场。撤离时,两个小组都要面对火场,不许背对火场撤离;同时水枪小组继续喷射宽水雾。最后,撤离到安全距离上,并在确认火灾被扑灭后,拆除水带,清理设备。

第四节 船舶泡沫灭火系统的操作训练

泡沫灭火系统可分为甲板泡沫灭火系统和高倍泡沫灭火系统。甲板泡沫灭火系统和高倍泡沫灭火系统的区别,可以参考前面章节的内容。

一、船舶甲板泡沫灭火系统的使用

船舶甲板泡沫灭火系统适用于油船甲板的油类火灾扑救。甲板泡沫灭火系统的施放通过泡沫炮和泡沫枪完成。

1.泡沫炮的操作

泡沫炮又称消防炮,根据配备的操作部件不同,可分为手动、电控或液控。常见的泡沫炮的手动操作包括手柄式和手轮式。

手柄式消防炮是依靠炮身内部转动机构来调节喷管水平和俯仰角度;手轮式消防炮是依靠炮身内部蜗轮、蜗杆的回转、俯仰机构分别来调节炮管水平和俯仰角度;电控式消防炮是利用电机操纵蜗轮、蜗杆机构运动;液控式消防炮是利用液压马达和油缸为动力来实现炮管的俯仰和水平回转。

灭火时,通过手柄、手轮或电控、液控消防炮控制柜,调节喷射方向和角度,让灭火泡沫能够达到燃烧区。

现在我们正式介绍消防炮手动操作的步骤:

(1)使用泡沫炮,首先需启动消防泵;
(2)操作人员握好消防炮操作手柄(手轮),慢慢开启泡沫炮入口阀门(注意压力表的压力);
(3)松开定位锁紧把手,利用消防炮炮体手柄(手轮)调节炮筒的水平和俯仰角度,使泡沫充分覆盖在燃烧物上;
(4)当炮身调至适当位置时,可将定位锁紧把手锁紧,进行定向喷射;
(5)火灾扑救结束后,用清水冲洗整个系统管路;
(6)关闭消防泵组;倾斜炮管倒出腔内余液,将炮管置于最低位置,将定位锁紧把手锁紧。

泡沫的布放方式主要包括以下三种:

第一种为反弹布放(bounce off/bank down)。泡沫灭火需要形成连续稳定的泡沫层。所以布放泡沫的最好方式为反弹布放,就是利用泡沫炮或泡沫枪,将泡沫液喷射到火场附近的直立面上,泡沫液沿直立面自然流淌蔓延并覆盖燃烧物,达到灭火效果,如图9-4-1所示。

第二种就是降落布放(rain down/snow flake)。这种方式有点像下雨。将泡沫炮或泡沫枪的仰角调整至合适角度,使泡沫液降落至燃烧物的表面,并形成连续稳定的泡沫层,这就是降落布放,如图9-4-2所示。

第三种是滚动布放(roll on/bank in)。这种方式是调整泡沫炮或泡沫枪的喷射角度,将泡沫液喷射至燃烧物前方的货舱甲板上;泡沫在冲击力的作用下,不断地向前推进,最后形成连续稳定的泡沫层,如图9-4-3所示。

图9-4-1　反弹布放

图9-4-2　降落布放

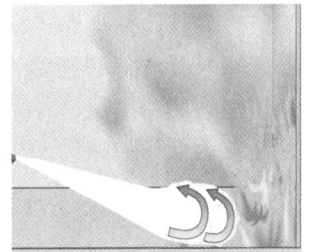
图9-4-3　滚动布放

2.消防炮操作注意事项

使用操作消防炮的人员,必须接受过操作培训并熟悉相关操作过程。

消防炮的入口压力不得大于消防炮的最大工作压力;使用消防炮前,应疏散消防炮炮口前所有人员;手动操作消防炮时,不得脱把,以免发生危险。操作时应尽量顺风喷射,以增加射程。

注意,泡沫炮对大型火灾有效,但是若要彻底扑灭大型油类火,还需泡沫喷枪的配合。泡沫喷枪可以对位于泡沫炮的喷射死角的余火进行扑救。

二、船舶高倍泡沫灭火系统的使用

机舱在使用高倍泡沫灭火系统灭火时可以边示警,撤离人员;边释放高倍泡沫。需要注意,高倍泡沫灭火系统使用中,须在机舱的最高处留一个通风口。

使用高倍泡沫灭火系统时,有时为了搜救人员需要"人员穿越泡沫"。对于穿越人员和指挥穿越的人员首先应明确两个问题:第一,穿越的危险有哪些,应如何应对?第二,穿越过程中应如何呼吸?

1.穿越高倍泡沫的危险及应对措施

穿越高倍泡沫的危险包括:

(1)穿越人员在进入高倍泡沫后,可能会因为照明不足和钢结构的变化,造成无法确定位置而迷失方向的危险。

(2)大量的高倍泡沫充满舱室,使得进入的人员淹没在泡沫中,这会使进入人员的视觉受到影响。特别是在船舶失电、没有照明的情况下,即使应急照明设备正常工作,照明灯光也会受到泡沫层的遮挡。

(3)进入高倍泡沫的人员,其身边的高膨胀泡沫也会限制其听力,使其无法判断或者根本无法听到周边的声音,包括船舶疏散信号、警告以及求救信号。

(4)随着大量高倍泡沫进入失火舱室,火灾的蔓延得到遏制。如果在泡沫进入前没有确定火灾位置,则此时更加无法确定。如果泡沫覆盖层随后被损害,可能会造成火灾复燃。

(5)充满泡沫的舱室是有风险的。因为火势虽被泡沫控制,但热量依然保持在泡沫层下。如果泡沫层破裂,燃烧物将继续与进入的新鲜空气重新发生氧化反应。此外,在高膨胀泡沫间的空隙,也可能充满易燃或爆炸性气体。

(6)在船舶机舱和泵舱发生火灾,不可避免地会有油类的泄漏。泄漏的油再加上高倍泡沫中的少量水分会使高倍泡沫层下面的地板表面会非常光滑。

作为现场指挥人员,了解上述危险,并对危险做出评估。如果经评估可以进入,则确定穿越战术,通常采取双人进出(two in-two out)战术。穿越的人员应熟悉舱室的结构,包括所有的进出口、连接通道、撤离路线、通信设备和救生索的使用等。

2.穿越人员在高倍泡沫中的呼吸

高倍泡沫的密度很小,每立方米的高倍数泡沫重 1.5~3.5 kg,大部分为空气,高倍泡沫中水的用量仅为低倍泡沫的 1/20。高倍泡沫中的空气可以支持进入或受困人员的呼吸。

穿越人员,包括在灭火区内未能及时撤离的人员,在泡沫群中,可将手张开,护住鼻子和嘴,之后进行呼吸,并根据呼吸的感觉调整指缝间距,以便让泡沫在指缝处破裂,使其中的空气进入呼吸道,维持呼吸。

定向通过(搜救)方法是一种比较科学合理的技术方法。定向通过(搜救)方法主要分为左手定向和右手定向通过方法。定向通过方法是在现场指挥员确定通过(搜救)入口以后,搜救队员进入高倍泡沫区域,沿着高倍泡沫舱室的左(右)舱壁行走(爬行),始终保持舱壁的位置在你左手(右手)边,用舱壁作为搜救方向的参考点。用上述方法直到穿越完成。

对于高倍泡沫舱室,需要说明的问题是:"使用救生索但不戴呼吸器进入或通过喷注了高倍泡沫的舱室"的训练要求,只适用于满足海安会 MSC.1/Circ.98(73)决议的船舶,这些船舶是用失火舱室外部的空气形成的高倍泡沫;对于以后的船舶,一定要确认:其泡沫是外部气体成泡,还是内部气体成泡,如果是内部气体成泡,则不适于不穿戴呼吸器穿越。

第五节　火场调查和火场搜救训练

船舶失火后,消防员可能会进入遇到充满高温气体和浓烟的火场进行搜救、火场调查和抢险。在此介绍一下进入火场应注意的问题和应对操作。

一、火场危险

进入火场是一项非常危险的工作。为了保护进入火场的消防员的安全,需要先了解一下火场中的危险。

1. 火场中充满烟雾,能见度很低

烟雾是物质在燃烧反应过程中热分解生成的含有大量热量的气态、液态和固态物质与空气的混合物,由极小的炭黑粒子完全燃烧或不完全燃烧的灰分及可燃物的其他燃烧分解产物所组成。

人在烟雾环境中能正确判断方向,脱离险境的能见度最低为 5 m,当人的视野降到 3 m 以下时,逃离现场就非常困难。

2. 火场中含有有毒气体,特别是一氧化碳

火场中的有机物在燃烧时会产生碳的氧化物,具体而言就是一氧化碳和二氧化碳。其中,一氧化碳有毒;同时,火场中还会生成氮、硫、磷等的氧化物。如果火场中有塑料制品,塑料制品燃烧时还会产生光气等产物。这些气体均会对人的呼吸系统造成伤害。

3. 火场中温度很高,并且温度随舱室高度的升高而升高

当舱室顶部温度接近 500 ℃ 时,地面附近的温度大约为 70 ℃;当消防员蹲在室内时,其头盔顶部的温度大约为 350 ℃。

4. 火场中,可能会发生轰燃现象

轰燃是指火在舱室内部突发性的全面燃烧的现象。轰燃是室内火灾由局部燃烧转变为室内所有可燃物表面全面燃烧的转折点。从此刻开始,火灾由初期发展阶段进入全面燃烧阶段。室内可燃物与氧气快速发生反应,舱内温度迅速升高,而氧浓度急剧下降。此时被困人员的生存率几乎为零。

二、进入火场的自我保护——消防员装备的使用

为了保证进入火场人员的安全,进入火场的人员必须穿戴好消防员装备。

1.消防员装备的操作性检查

因消防员装备较其他衣服稍重,穿戴时可以两人协作,也可以单人完成。下面是单人穿戴消防员装备的程序。

如果时间允许,最好对正压式呼吸器进行使用前检查。使用前检查包括:

(1)检查面罩的气密性

将手掌贴在面具的接气口机构上,吸气然后屏住呼吸几秒钟,面具如果贴在脸上不动并保持一段时间,证明没有泄漏;如果面罩滑动说明有泄漏,调整面具头带后,重新测漏直至不漏为止。

(2)检查中压软管的气密性

将呼吸面罩接到中压软管上,并打开空气瓶瓶头阀,观察压力表。压力表的读数应不低于 28 MPa;之后将空气瓶的瓶头阀关闭,再连续观察一段时间(观察时间,不同的品牌其时间也不同),如果压力表读数基本不变,则说明中压软管的气密性符合要求。

(3)检查余压报警装置的性能

检查完中压软管的气密性后,可以轻轻地打开供气阀,或者将面罩罩在脸上轻轻呼吸,当压力表的读数降到 5 ± 0.5 MPa 时,可以听到余压报警装置的报警声音。

完成上述三项检查后,就可以使用消防员装备了。

2.消防员装备的穿戴和使用

(1)先穿消防员个人装备中的防护服裤子。穿好裤子后调整肩带,然后穿上消防鞋,并拉上裤子拉链。裤管套在鞋筒上,扎紧裤口。之后,穿上消防员个人装备中的防护服上衣,并拉上拉链,如图 9-5-1 所示。

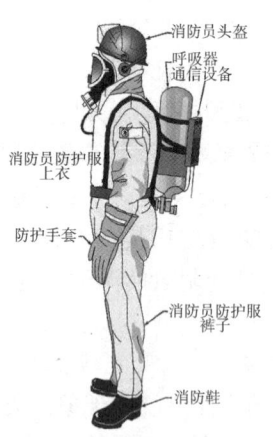

图 9-5-1 消防员装备的穿戴

(2)背戴气瓶。背戴气瓶通常有两种方式:过肩式和交叉穿衣式。其中,过肩式使用较普遍:首先,将呼吸器的瓶头阀向上放置于平地上,调整好肩带,两手肘部撑开肩带,两手握住背托,将气瓶举过头顶,并从后背滑下。其次,通过肩带调节气瓶的上下位置和松紧,直到感觉舒适为止。将腰带公扣插入母扣内,然后将左右两侧的伸缩带向后拉紧,确保扣牢。最后,将供

气阀上的接口对准面罩插口,用力往上推,当听到咔嚓声时,安装完毕。

顺时针转动瓶头阀,将阀打开至少两圈以上。

(3)穿戴面罩。将面罩上的调整带子放松,拉开面罩头网;把面罩置于脸上,然后将头网从头部的上前方向后下方向拉下,由上向下将面罩戴在头上。调整面罩位置,收紧下端的两根颈带,然后收紧上端的两根头带。深呼吸几次,打开供气阀,并感觉呼吸是否顺畅。

(4)戴上防护手套后扎紧袖口。

3.卸下装备

先摘去防护手套,然后,转动供气阀上旋钮,关闭供气阀。之后,右手扣住面罩下端的扣环,左手托住面罩向前一推,松开颈带,然后再松开头带,将面罩从脸部由下向上脱下。解开腰带,放松肩带,将呼吸器从背上卸下,关闭气瓶阀。脱去防护服上衣,脱去消防鞋,最后脱去防护服裤子。

注意:只有身体健康并经过训练的人员才允许穿戴呼吸器,使用过程中应有监护人员在场。

4.安全灯和防火安全绳的使用注意事项

(1)防爆安全灯,根据PSC检查资料显示:防爆安全灯应斜挎在肩上;

(2)防火安全绳,应该确定好联系信号,比如,探火员与协助者的联系信号为:拉动绳子1下为放绳前进;拉动绳子2下为探火员到位;拉动绳子3下为拉紧绳索正撤离现场,拉动绳子4下及4下以上需要援助。

三、火场搜救技能

1.准备进入

实施烟雾舱室搜救的人员必须使用消防员个人装备。搜救人员按照我们上节介绍的程序穿戴好消防员个人装备。

2.消防员进入火场

进入的消防员一定要预测一下舱内的情况。如果舱内适于消防员进入,消防员可以进入,否则就不能进入。同时,对于船舶火场,通常都不止一个进出火场的路线。进入火场搜救的人员需要根据当时的情况,用相对安全的路线进入。

3.进入火场搜救的方向

在火场中搜救,只有两个方向:即顺时针方向和逆时针方向。即搜索顺序按照:先搜索门后;接着按顺时针或逆时针搜索舱壁四周(先危险地点,后安全地点);舱室中央(做数次横越搜索)。

4.在火场中的搜救方法

(1)曳步前行;将身体重心放在后脚,前脚掌沿地面(不要离开地面)试探向前,确认安全后再将后脚移到前脚位置(不要超过前脚),总是前脚前移。这样行动可探查到脚下障碍物和危险如凸出地面的钉子、台阶、倒塌的物件等。

(2)探火队员的空手应保持在他的面部前30~40 cm处,手背朝前,微微弯向自身,上下慢速移动确保头部和面部不能碰到障碍物;手背朝前的好处是当碰到尖锐物体、炽热或带电物体时,不是抓住而是立即闪开。

(3)在烟雾中,靠近地面的空气温度低,故应尽量低姿前行,手脚动作同前。由于底部烟雾少,能见度高,可以在远处发现被困人员或火源。

下台阶时,应以后退姿势前行,以防止面部受热烘烤,手应牢固地抓住固定物。

(4)确认通过舱门后,门不能突然关闭,致使退路断绝。

(5)保持同行者在一起,与外界保持联络。

5.进入火场,寻找被困人员方法

(1)查看:借助所带照明工具,认真(搜索)查看被困人员可能藏身的部位。

(2)细听:注意倾听被困人员的呼救声以及喘息、呻吟和响动声等,辨别他们所处的位置。

(3)触摸:在喊话、查看、细听的同时,可手持探棒在可能有被困人员的地点、部位触摸并搜寻。

(4)当在火场搜索中发现受伤人员,可采用适当的搬运方法,将其救离现场。在搬运伤员之前,必须了解伤员的受伤种类和严重程度,以选用最佳的搬运方法。

6.火场中自救

被困人员需注意:在火灾事故中,人员伤亡不全是被火烧伤或致死的,80%的伤亡人员是由缺氧窒息或吸入致命的一氧化碳和其他有害气体造成的。所以被困人员需尽可能延长呼吸设备的使用时间。自救方法包括:

(1)一旦船员发现被火困住后,应沉着冷静,不要慌乱,若条件许可,可沿退路,边灭火,边后退。

(2)根据本船实际情况,查看船舶脱险通道标志,选择能避开火的脱险通道。撤离时应沿舱壁行走,且必须保持低姿行进。

(3)如果在搜索中受困,千万不可惊慌喊叫,应马上告诉同伴或外面的协助人员,寻找安全地点,坐下或躺下休息,以节省气瓶内的空气,等候救助人员抵达。当救助人员抵达时,可拍手或敲击舱壁指示方位。

第六节 船舶消防战略的确定训练

对于一场船舶火灾,指挥人员都希望在最短时间内,以最快的速度、最少的消耗迅速扑灭,并能做到最大限度地减少火灾造成的损失。因此迅速地制定正确的战略,并在正确战略的指导下,科学地运用战术就显得尤为重要。

当船舶发生火灾时,船长等指挥人员会面临一个错综复杂的局面,包括航行安全与应急管理交叉,如:人员分工及调整;不同职责队伍之间的协调;对内和对外通信;各种资源的科学利用等。

复杂的局面可能会使船长等指挥人员无法抓住重点,无法准确确定火场环境,无法确定行动目标,在这种情况下,船长等指挥人员会盲目做出缺乏科学依据的决策;以致使应急场面更加混乱,最终导致指挥失效。

解决船长等指挥人员所面临的复杂场景的办法,就是简化消防指挥管理流程。简化消防指挥管理流程的关键就是制定好消防战略。

对于船长来讲,抓住重点,精准决策,制定明确的战略是重要而又迫切的任务。

消防战略都有一个基本的逻辑结构,我们称之为战略核心。战略核心包括三个要素:分析信息、指导方针和实施一系列的行动。战略核心始终不变;在特定的火场环境中发现并解决消防的关键问题,并围绕着这些问题来设计一系列的行动来处理当前的困难。

一、确定消防战略,首先应该确定一个可实现的目标

从目标方面看,消防行动可能包括成功扑灭和降低损失两个结果。目标的确定必须基于对火场关键信息的发现和分析。
(1)消防应急组织的科学性和高效性;
(2)消防应急设备的即时可用性;
(3)火场信息的全面性、准确性,包括火场的发展进程、可燃材料的性质、数量,火场的大小,复杂程度、有无人员受困等;
(4)消防技术,包括通风技术、隔离技术、直接扑救技术和间接扑救技术等;
(5)船舶的总体安全情况,包括主机、副机、舵机和锅炉等的工作状况等;
(6)船舶所处环境,包括气象、海况、水深、潮流、最近陆地港口的距离等。

二、确定消防战略的指导方针

消防战略是在分析船舶自身力量和火场具体情况等诸因素基础上制定的,具有很强的针对性。船舶常用的消防战略包括:
(1)进攻型战略。当船舶消防能力超过火灾力量时,可以制定进攻型战略。制定进攻型战略需要做到知己知彼。
(2)防守型战略。当船舶消防能力低于火灾力量时,可以制定防守型战略。通过防守型战略,可以防止火灾蔓延,保证人员安全,降低损失。
(3)攻防转换型战略。应急过程中,火灾受到多种因素的影响,指挥人员需要根据火场的变化,调整预先制定好的战略,以适应应急的需要。

对于船舶火灾,当面临的场景非常危险,以当前的应急能力已无法保证船舶的安全时,还可以采取弃船的战略,来解决面临的困难。

三、消防战略决定了整个应急行动的基调

战略行动是贯彻指导方针,且在协调下将船舶的人力资源、设备资源等整合在一起,而实施的具体行动。以某种程度上讲,这也是消防战略的体现。

科学的消防战略,一定是在客观、全面地掌握了关键信息的基础上,分析了当前所面临的问题,并找到了解决问题的方法。可行的战略目标是符合客观实际的,是可以实现的;科学的战略能够集中和协调各种资源,指导解决船舶火灾中的问题。

第七节 船舶灭火基本战术

根据火的燃烧理论,结合船舶灭火的实际需要,总结出一些通用性强、具有普遍指导意义的方法,这就是船舶灭火的基本战术。这些基本战术有时可以单独使用,而在有些情况下则需

综合运用才能达到灭火的目的。每一个基本战术都有其运用的时机、要求和应该注意的问题,只有熟练掌握其要领,才能在实际灭火时灵活运用,发挥有效的作用。

一、灭火战术原则

灭火战术原则是从灭火实践活动规律中抽象出来的指导灭火战斗的准则,是灭火行动的依据和指南,其原则是"先控制,后消灭;先探明火情,后采取行动。"

1.先控制,后消灭

根据船舶火灾事故的统计资料显示,90%的火灾损失是由对初期火灾缺乏控制而引起的。所以,"控制火势"是灭火战术的第一原则。"先控制"是指火灾发生后,最先发现或赶到的人员首先应采取积极的措施,对火势实施有效控制,防止火势蔓延,为迅速消灭火灾创造有利条件。如盲目采取灭火行动,则往往不得要领,致使火灾扩大开来,导致扑救更加困难。值得注意的是不能简单从字面上理解"先控制",对于初期小火,在有足够灭火器材和人力的条件下,可以一举扑灭的火灾,就在控制的同时一举扑灭。

对不同的火场有不同的控制方法。一般来说,有直接控制和间接控制。对于小型火场,直接扑救也可以理解为控制;如对火场周围进行冷却,降低舱室内的燃烧反应强度;切断通风,关闭门窗;防止油品等可燃液体的流散和沸溢;防止飞火;防止复燃;排除或防止危险品发生爆炸等均在控制之列。控制是通过一系列技术、战术措施来实现控制火势的目的。

"后消灭"就是在控制火势的同时,集中人力对着火目标展开全面扑救,逐一或全面彻底消灭火灾。"后消灭"不能理解为消极地等待控制之后,再组织进攻消灭火灾。消灭火灾是灭火行动的最终目的。对于大型火灾,彻底扑灭火灾总是在控制之后最终完成的。"后消灭"是在控制的前提下主动向着火点进攻,在控制过程中开始进行消灭,直至达到全面彻底完成消灭火灾的目的。

"先控制,后消灭"包含着控制与消灭、被动与主动的辩证关系。"先控制,后消灭"从字面看像是有先后之分,但在实际灭火过程中,两者是紧密相连的,不能截然分开。前者是扑灭火灾减少损失的有效手段,后者是前者的继续和发展。

2.先探明火情,后采取行动

灭火行动实际上就是一场战斗,要想取得战斗的胜利,必须对"敌人"的情况做到心中有数。不探明火情,就匆忙采取灭火行动,是很难取得理想效果的。

先探明火情,就是运用适当方法对火灾区域、火灾的性质、火灾的规模进行调查研究,为采取正确的灭火行动提供尽量充足的材料。有的时候火势大,人员根本无法接近,就不能机械地等待探明全部的火情,白白丧失扑救时机。正确的做法是尽可能多地获取火情资料,利用已掌握的材料,大胆做出判断,发出灭火行动命令。

后采取行动,实际上是在探明火情的前提下采取行动;坚决反对盲目地行动,特别是盲目射水。盲目射水,会造成消防水在船舶内部积聚,影响船舶的稳性和强度。

3.灭火战术原则的运用

"先控制,后消灭"与"先探明火情,后采取行动"是紧密相连的。对一个具体火灾时,既要控制,也要探明火情,决不能人为地将它们割裂开来。采取灭火行动时,没有"控制"是不行的,没有"探明火情"也是不允许的。

充分调查研究,首先要掌握火场的各种信息,包括当时的船舶情况、火场实际情况、火场周围情况、航道水深和通航密度情况、海上风浪情况等。船舶指挥人员应充分掌握火场实际情况,以便于正确决策。充分调查研究,正确认识客观形势,达到主客观一致,是贯彻战术原则。

掌握好有利时机。任何火场都存在着控制火势、消灭火灾的有利时机。只有掌握这一时机,在恰当的时间、空间,合理使用船上灭火资源,才能运用好"先控制,后消灭"的战术原则,掌握灭火主动权。抓住有利时机是实现控制火势、消灭火灾的重要环节。

二、常用消防战术

船舶消防中常用的战术包括封堵火势、防护周围、直接扑救、间接扑救。

1.封堵火势

封堵火势就是通过封闭火场的所有通风孔,断绝燃烧所需要的氧气,使火灾窒息而灭的方法。

封堵火势战术在船舶灭火中应用十分广泛,封堵火势的实施时机是从发现火警开始的,也就是从火灾初期开始,且贯穿整个火灾扑救过程。火警初期,当到场的人员较少或无合适的灭火手段的情况下,最有效的灭火方法就是将所有通风孔关闭,使火灾窒息而灭。

封堵火势也是一种灭火方法。在船上装有易燃货物,如棉花、煤炭、黄麻等时,因人员和设备不足,开舱直接扑救可能使火灾扩大时,就可以采取这一战术。在机舱或其他舱室火灾迅猛,根本无法接近时,最好的办法也是采取封堵战术。

如果决定采取封堵火势的战术,则要求务必彻底封闭所有与该舱室相连的通风孔,尤其船龄较大的船舶舱室密闭性差,必须仔细巡视,将可能通风之处用封舱胶布进行封闭,否则非但不能扑灭火灾,反而会使火势能量积蓄或转移,导致更大的危险。

在封堵火势的过程中,为了增强灭火效果,往往会与其他战术综合运用,这时需要特别注意的是要充分调查与研究,判断战术的可行性和有无其他危险。

2.防护周围

防护周围,就是防止火从着火点蔓延出去。如果能达到此目的,火灾通常就能够加以控制,并且能降低损失。防护周围,首先必须将火势从6个方面有效地围住,用消防水对所有可能引起火灾蔓延的通风口和开口以及舱壁进行周围冷却,特别是对存有危险货物的地点和重点保护区域,要重点防护。

防护周围,虽然不是一种直接灭火的方法,但是却常被作为一种辅助措施经常使用。如某船一舱室失火,而它的邻近舱室装有危险货物,在扑救火灾的同时还必须用水喷洒与它相邻的舱壁,防止热传导造成危险品燃烧甚至爆炸。防护周围战术的运用也贯穿整个火灾扑救过程。具体地说,在油船失火、机舱失火、装有危险货物的舱室失火等情况下,在进行灭火的同时,必须运用防护周围的战术作为辅助。有时为了防止火灾引燃其他货物而采取破拆、移动可燃物,留出足够的隔离带,也属于这一战术的具体应用。

3.直接扑救

直接扑救是指灭火人员接近火区,将灭火剂直接喷射到火场火源处使火熄灭的扑救方式。

消防员实现近距离的扑救战术,需要在具备扎实的灭火技能基础上,还要具备顽强的毅力。

直接扑救战术的运用时机包含两种情况:(1)火势很小,还没有发展到完全燃烧阶段或接近全面燃烧阶段的火场;(2)火势已被控制住,且对火情已调查清楚,有充足的人员和装备时的情况下。直接扑救战术能最快地扑灭火势,使火灾损失降低至最小限度。

对于普通封闭舱室的火灾,舱室内火场的温度及其周围的温度,一般可达500 ℃[①]左右,如果此时直接打开防火门进入火灾现场,会使大量新鲜空气进入火区,产生"回火"现象,使火势迅速增大,十分危险。正确方式是先对防火门周围进行充分冷却降温,当现场指挥人员认为可以进入舱室时,方可在消防水的掩护下,将门打开一条缝,使用开花水枪对舱室顶部喷洒降温,再进入火场。

在火场面积大、温度高或浓烟不散的情况下,直接扑救需要消防队员在穿戴空气呼吸器、消防员装备、采取通风排烟措施和水枪掩护等情况下展开。

4. 间接扑救

间接扑救大多用于封闭舱室内发生的严重火情,在这类舱室内火势猛、升温快、有毒气体多,使灭火人员无法进入和接近;或者当失火舱室内存在气瓶、油桶,且这些气瓶、油桶等具有爆炸危险时,可采用间接扑救战术灭火。

运用间接扑救战术,要严密封闭门、舱口和通风系统,切断空气进入的通道及火灾可能蔓延的途径。在施行间接扑救的同时,应组织消防力量用水枪对着火舱室外壁喷水冷却,避免灼热舱壁引燃邻室发生二次火灾。

实现间接扑救战术的途径包括启用二氧化碳灭火系统、中高压细水雾灭火系统等。启动二氧化碳灭火系统,利用二氧化碳灭火剂的窒息效果来控制火势。中高压细水雾灭火系统产生的细水雾能够迅速吸收火场热量,降低火场温度,同时转化为水蒸气实现对火势的窒息控制。

对于集装箱等特殊处所,也可从火场的合适地点打开一个或几个小口,插入喷雾水枪;将水雾连续向着火区的上方进行喷射。在高温作用下,水雾转变成蒸汽,使其产生冷却和窒息作用。这就使得封闭舱室中的氧气浓度降到维持燃烧的界限值以下。

在舱容大、可燃物多、火势已极为猛烈且舱壁强度相对较薄弱的情况下,采用上述扑救方法时应十分谨慎,要防止大量水蒸气的高压导致着火舱室爆炸的恶性事故发生。

第八节 现场处置方案

应急计划/预案体系是航运企业安全管理体系中应该包含的重要内容。与船舶相关的应急计划(预案)有三种:综合应急预案、专项应急预案和现场处置预案(现场处置方案)。

一、综合应急预案、专项应急预案和现场处置预案的区别

通常综合应急预案和专项应急预案由航运公司的安监部门进行编制。综合应急预案是航

[①]船舶舱室的高度较民建要低很多。民建屋顶通常火灾温度可达760 ℃,甚至更高;而船舶舱室顶部的温度要低一些。

运企业的整体预案,以岸基支持与集中指挥为主,侧重在整体应急救援活动的组织和协调。专项应急预案是针对具体的不同类别的突发事件,如海损事件、机损事件、海上污染等,为实现应急指挥、救援和保障而制订的计划或方案,是综合应急预案的组成部分。专项应急预案要与综合应急预案相互衔接,应按照综合应急预案的程序和要求组织制定并作为综合应急预案的附件。

现场处置方案是针对船舶在营运过程中发生或可能发生的各种不同的具体事故或险情制定的应急处置和预防措施,如碰撞、搁浅、失火等。现场处置方案应具体、简单、针对性强。现场处置方案应根据风险评估及危险性控制措施逐一编制,做到相关人员应知应会、熟练掌握,并通过应急演练,做到迅速反应、正确处置。船舶需优先编制火灾现场处置方案。

二、现场处置方案的制定

现场处置方案是一个完整的文件,包含了编制的目的、依据、风险分析、应急组织职责、应急响应、注意事项及附件等部分。现场处置方案中,应急响应是核心,其包含的程序通常如下:

1. 初始行动

发现火灾后应立即报警,实践中的报警有两种情形:(1)船上人员发现火警;(2)火灾自动探测报警设备报警。

(1)船上人员发现火警

对于船上人员发现火警的情况,应要求相关人员做好以下几个方面的工作:

首先,应使用距离最近的手动报警按钮报警。

其次,无论是船舶消防演习,还是真正发生火警,在利用手动报警按钮报警的同时,通常都要求船员大声呼喊"着火了"的方式示警。大声呼喊的方法,在实现报警的同时,更大的作用是向位于失火周边舱室的人员,特别是对未意识到火警发生的人员进行示警;为了加强示警效果,还可以利用敲击舱室门的方法,通知相关人员撤离。

最后,根据火场情况,采取相应的措施。火场情况会有以下几种场景:①能够看到火场。此时应该根据火场的大小和火焰的高度判断火势大小。如果判断火势为小火,可以直接扑救;如果火势已经超出小火,则需要相关人员撤离到安全距离外,同时为后续扑救做好准备工作。②如果不能直接看到火场,则需要将失火区域(舱室)的通风设施关闭、门窗关闭、电源等切断;之后,退到安全区域,并为下一步施救做好准备工作。后续工作包括:在个人能力范围内,关闭通风、切断电源、隔离可燃物、准备好灭火器、铺设好水带等,以及准备好向后续到达的消防员汇报火场情况。

(2)火灾自动探测报警设备报警

驾驶台接收到火灾自动探测报警设备报警后,一般需要确认警报,即排除误报警。对于具备复合功能(含有探测一氧化碳气体功能)的探测器,通常也会留给值班驾驶员 10 min 左右的时间到报警地点进行确认,以决定后续行动。

2. 驾驶台行动(火警初期)

(1)值班驾驶员的行动

值班驾驶员在收到火警并经确认后,应立即发出全船火灾警报信号,并报告船长;同时关闭驾驶台所能控制的通往火灾区域的通风系统,通知机舱备车;操纵船舶使着火部位处于下风等。机舱值班人员按总指挥的命令做好主机备车、减速、停车准备工作,迅速启动消防泵或应急消防泵。

(2) 船长的行动

船长接到火灾报告后,应立即到驾驶台。船长到达驾驶台后,接管船舶的指挥权。此后驾驶员按照船长的指令操作船舶,并负责对外联系,比如根据指令将船舶移至安全地点。

驾驶员应对上述所有关键环节做好记录:记录内容包括接到火灾报告的时间、船位;报告人、着火部位等。驾驶台的行动,详见表 9-8-1。

表 9-8-1 火灾应急初期,驾驶台的行动总结

序号	驾驶台的行动	备注
值班驾驶员的行动		
1	召集全体船员集合	通用报警设备
2	报告船长	简述情况,明确重要性
3	调整航向,处于最有利于应急的状态	可以考虑使用侧推器
4	调整航速,如需要可停车	逐渐降速、备车
5	关闭相应的通风设备	应急停止设备
6	启动/关闭相应的设备	
7	做好记录	关键节点,关键事项等
船长的行动		
8	负责对内、对外联系	附近船舶、沿海国、港口国等
9	负责船舶的总体安全	应急安全、航行安全

3. 全体船员的应急反应

除驾驶台、机舱固定值班人员外的所有船员均会按照应变部署的规定携带消防、救护器材到指定地点集合,并完成相应的职责和任务。现场需完成的任务,见表 9-8-2。

表 9-8-2 现场需完成的任务

序号	现场的行动	备注
1	清点人数并报告驾驶台值班人员	驾驶台值班人员记录,船长决策指挥
2	关闭所有的门、窗和通风设备,包括空调	驾驶台值班人员标图,船长决策指挥
3	切断失火区域的电力供应(生活区)	结合防火控制图和其他文件进行决策和指挥
4	开始对失火区域的限界面进行冷却	结合防火控制图和其他文件进行决策和指挥
5	对火场进行调查,并报告驾驶台值班人员	结合防火控制图和其他文件进行决策和指挥

(1) 清点人数

现场指挥人员应迅速清点人数,并将结果报告驾驶台值班人员。从消防战略看,如果确有人员失踪,对失踪人员进行搜救是船长首先需要考虑的事情。但是实践中,确定何时展开援救行动,是一个非常困难的问题,因为在火势较大的情况下,船长需要根据火场调查的结果来做出决定;如果火势不是很大,处在火警现场的人员可以直接做出决定。

(2) 火场调查

消防组开始进行火场调查。通过火场调查,可以确定以下重要信息:①火灾的类别(燃烧的是哪一种可燃物);②合适的灭火剂;③合适的扑救方法;④如何防止火灾扩散;⑤灭火任务

和所需要的人力。

现场调查的方法包括:①人员进入火场调查;②从火场的外部进行观察;③从报警人员处获得火场信息;④通过对火场的日常了解来预估情况。

经过火场调查,如果确认为小型初期火情,则可立即开始扑救;如果确定为较大的火情,就需要充分估算火场情况,确定好需要投入的人力和设备后,再在船长的协调下展开行动,进行扑救。

(3)火场防护和隔离

技术组开始对火场进行技术隔离,并准备好大型消防设备;支持和救护组迅速进行限界面的冷却。在报警人员实施的初始防护隔离的基础上,强化对火灾现场的防护和隔离。

4. 实施灭火行动与措施

根据火灾所处的不同阶段以及当时的环境,指挥控制组会制定相应的战略和战术目标。其他消防组(队)会根据战略和战术目标,并结合火场情况采用不同的消防技术对火灾进行扑救。火灾扑救过程中需完成的任务,见表9-8-3。

表9-8-3 火灾扑救过程中需完成的任务

序号	驾驶台/现场	备注
1	根据战术安排,调整消防组织的构成	驾驶台相关人员决策,现场实施
2	根据船舶配备和现场需要,正确使用船舶消防设备	现场报告,驾驶台相关人员决策
3	保持船舶内部和外部联系	货主、租家、保险公司、船级社、救助公司等
4	对火场进行全面的封堵和隔离	现场报告,驾驶台相关人员决策
5	对各个消防队的行动进行记录	现场报告,驾驶台相关人员记录并决策
6	随时给现场各个队进行指导、协调	根据 IMDG、BC、IGC、MSDS 等给出指导
7	根据火势发展和扑救情况,进行战术调整	现场报告,驾驶台相关人员决策
8	人员伤亡情况	现场报告,驾驶台相关人员决策

平时的消防演习,应注意根据船舶的具体种类和结构确定演习场景,并且尽量覆盖所有可能的火灾场景。普通船舶的演习场景应该包括:机舱、货舱、生活区、厨房、甲板或其他服务处所;油船还应包括泵舱。

灭火行动过程中,指挥人员做出决策时还需注意以下信息:船舶配载图;危险货物舱单(危险货物的数量和位置);船舶的稳性、强度和浮性;应急拖带/救助设备;医疗救助等。

5. 火场的检查、清理和排水

在火灾得到有效控制后,船长应及时指挥船员检查、清理火场,并修复设备,确定船体和货物的损坏情况等。

(1)检查

火场检查是灭火中的一个重要环节。检查的目的在于发现和扑灭隐藏的余火,并确定火势是否已经蔓延到船舶的其他地方。检查人员应该使用听、看、摸、嗅等各种方法进行检查。检查时,可以参考以下方法:

①顺着火场内的管线检查。检查时,将火场入口附近的管线作为起点,沿着管线向火场内部进行检查,直到火场的另一侧。用这种方法确定火灾对该管线的影响范围及火灾是否沿该管线蔓延。

②火场内过火的物品,包括褥垫、捆包物、板条箱、家具等,都应移开并加以检查。特别是成捆的棉花或成卷的纤维制品。如果有条件应将上述过火的物品从火场移至安全地点(比如露天甲板),并在准备好消防设备和人员后,再开包检查。

③对于防火结构,也需要进行认真检查。在防火结构中,对被烟熏黑了的缝隙和接头处应仔细地加以检查;对于防火结构表面起泡或变色的地方应加以处理,直到露出结构本身,以判断火是否从该处蔓延。如果发现防火结构内部有余火,应将火灭掉,并将温度降到安全温度以下。除此之外,对于电线穿过的舱壁或甲板等部位也需要认真检查。

(2)清理

清理包括两个方面:第一,利用合适的设备,比如污水泵、气动泵、潜水泵等设备清除火场内的残水;第二,清理火场内的安全隐患。例如,悬垂的船舶结构、钉子外露的木板等。所有的安全隐患均应进行处理。

实践中,检查和清理两个步骤是结合在一起完成的。以往的经验证明,检查和清理环节还存在安全隐患,这应引起注意。

在火灾扑救过程中,肯定会用到消防水。消防水会在船舶内部积聚和形成自由液面,所以在火灾扑救过程中,指挥人员应尽力避免盲目射水。

6.应急过程结束

在火灾已被完全扑灭以前,现场指挥人员必须采取一些必要的行动,以确保火灾确实被彻底扑灭。

(1)在检查火场的基础上,将检查工作扩展到相邻区域。通过检查火场的相邻区域,来查明火灾的蔓延情况,如已蔓延至相邻区域可及时发现并处理;检查方法可参考上个环节中的检查要求。

(2)利用未受损的通风设备或移动式的通风设备将火场中的烟雾、可燃气体排出,并在此基础上对火场进行测氧测爆,以确认火场可以安全进入。

(3)应至少安排两名船员执行防火值班;其中一名负责火场内部,如果火场范围较大,则可派多人;另一名负责巡视周围和可能扩散的途径,如果发现复燃,则马上报警。

(4)在火灾被扑灭后,应尽快进行损害评估,以确定船舶是否可以继续航行。如果高温使得甲板、舱壁和其他船舶结构部件变形、破损或其他影响船舶安全的情况,应用堵漏器材等进行修理。但是在此过程中需要注意,应留存照片、视频等资料,以备事后进行事故调查时使用。

(5)替换或恢复消防设备。用备用水带替换已使用过的水带,并保证水枪就位;所有用过的手提式灭火器都应重新充装或予以更换;空气呼吸器应予以清洁,面罩予以消毒,空气瓶予以更换。

(6)再次清点船上所有人员。

7.总结讲评

船长施放警报解除信号,宣布火灾扑救演习结束,清理现场,器材归位。火灾扑救演习结束后,船长应集合全体船员进行讲评,总结演习中存在的问题,并提出整改意见。驾驶员应在航海日志中详细记录整个火灾扑救演习过程。

第九节 消防演习

消防演习是按船舶消防行动的进程,在应急预案的指导下进行的演练。

一、消防行动的进程

任何事情都有一个发生、发展、高潮、衰落、消亡的过程。船舶火灾也是,消防行动随着火灾不同的发展阶段而变化。

火灾发生是整个消防行动进程的开始,此时,进入初始行动阶段,在本阶段应该确定是模拟人员发现火警,还是模拟火灾自动探测报警设备报警。船舶驾驶台在接到报警后,调整航向,通知机舱,报告船长,召集所有人员集合,所有人员实施初始应急行动,这是消防行动进程的第二阶段。随着火情的发展以及火场情况采取相应的消防行动,是第三阶段。火灾被扑灭是整个进程的结束,但是实际上有些火灾可能最终也不会被扑灭,这时消防行动进程就以人员撤离为结束。

二、应急预案

应急预案实际上就是预案制定人员根据以往的经验和船舶实际情况,并结合消防行动进程所做的应急操作方案。

应急预案根本上是指挥人员做决策的主要参考,同时也可以提示指挥人员应急流程。

三、演练

演练实际上是演和练的结合。"演"强调的是各个人员在自己的岗位上尽职尽责地发挥作用,满足岗位对"每个人"的要求;"演"体现了一个"过程"("练"强调的是各个人员,各个编组的技术训练。按照演习过程的环节要求,用技术实现各个环节的战术目标。"练"体现为"技术")。

"技术训练"是在基本燃烧理论指导下进行火灾的预防和扑救,具体包括:了解本船所配灭火设备所使用灭火剂的性能;火的分类及所适用的灭火剂,可携式灭火设备的位置及使用方法;简单的检查、维护和保养知识;发现火灾后的初始行动;对危险气体的警觉和掌握的基本急救技术等。

"编组训练"重点在于协调配合扑救大型火灾,具体包括:火灾现场的调查方法及报告;建立火灾隔离带的方法;控制和扑救火灾的正确步骤;舱内搜索及救助的方法;火场电源及通风的切断步骤;火场清理方法,防止复燃的步骤。每一次演练,对于船上不同的人员训练的意义也不太一样,对于在船普通人员来说,演练实际上是在掌握了一定消防理论基础上,对消防技术在现场指挥下的自觉使用。船舶消防技术是"防火与灭火"重点培训内容。

实施船舶各个部位的消防演习可以验证船舶应急预案的可行性,应急设备的有效性(即时可用性),以及人员的应急能力(指挥人员的指挥能力、操作人员的协调配合能力和技术水平)。通过消防演习,可以发现船舶消防应急各个方面的不足,为后续的培训和训练指明方向,最终保证船舶的安全。

课后练习题

1. 请根据STCW公约中的相关规定,解释一下"消防组织"的含义。
2. 消防组织也是组织的一种形式。请根据组织的相关理论,阐述一下消防组织应该满足哪些要求?
3. 扑救小型火场的具体操作有哪些?
4. 如何扑救机舱或居住舱室中"能够看到明火和浓烟"的火场?
5. 如何扑救机舱或居住舱室中"充满浓烟"的火场?
6. 如何利用水配合化学灭火剂扑救较大的油类火场?
7. 如何使用正压式空气呼吸器?
8. 如何进行火场救援?
9. 请阐述船舶消防战略的具体类型及相应的战术实施。
10. 请阐述一下演习的具体流程。

第十章
其他消防项目

第一节 惰性气体保护系统

惰性气体保护系统是油船配备的一种油舱保护系统。油船货油舱内发生的爆炸事故，多是由可燃气体造成的。可燃气体爆炸必须处于爆炸范围内。如图 10-1-1 中的 *DEF* 区域。从图中可知，为避免爆炸需将可燃气体的浓度控制在 1.5%～11.5% 的界限外，或者控制火源或氧气浓度。

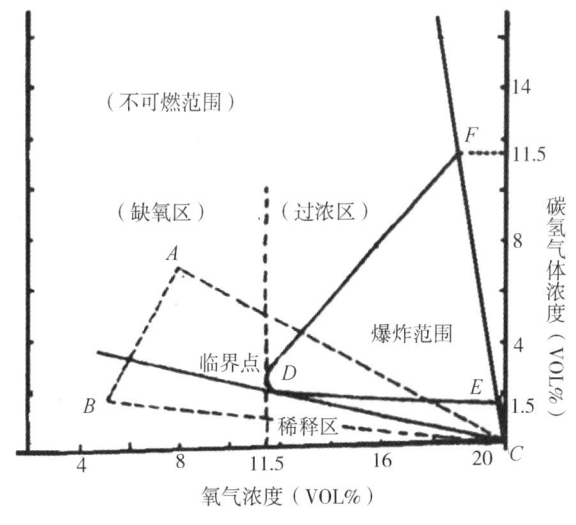

图 10-1-1 碳氢气体和氧气混合气体爆炸浓度范围

控制火源一直是油船重要的预防火灾爆炸的重要措施。但控制火源有许多不确定因素，存在很多不可预见情况，特别是由静电放电产生的火源而引发的火灾爆炸事故，可以说是防不胜防。因此，控制火源的产生，并不是最安全可靠的措施。

油船火灾爆炸中的可燃物是碳氢气体。对于碳氢气体,发生燃烧的氧气体积含量临界点为 11.5%,即图 10-1-1 中的 D 点。如果氧气体积浓度低于 11.5%,属于缺氧状态,则不会发生燃烧。营运中,如能使油舱内氧气含量始终保持在临界点以下,则无论碳氢气体浓度处于何种状态,有无引火源,都不会产生燃烧爆炸。所以预防油船火灾爆炸,最容易实现的办法,就是向油舱内充注惰性气体,使油舱内氧气含量降低,并保持在临界点以下,这样就可以保证油船在任何营运状态下,油舱内气体环境均处于安全区。

油船上的惰性气体是一种窒息剂。通常情况下,油舱气体中的最低含氧应小于 8%。油船惰性气体中各成分组成如表 10-1-1 所示。

表 10-1-1　油船惰性气体中各成分组成表

气体成分	氮气	二氧化碳	氧气	二氧化硫	水蒸气
含量%	77	13	3~4	0.3	5

油船火灾爆炸的控制就是配备惰性气体保护系统,保证油船在装油—载油航行—卸油—压载航行—洗舱—除气等过程中,油舱中的氧含量始终低于 8%,从而达到防火防爆的目的。

一、惰性气体保护系统的配备

在 1969 年以前,油船的安全一直未成为航运界关注的重点,直到 1969 年年末,连续 3 艘大型油船发生火灾爆炸事故,这才引起航运界的关注。美国政府要求驶往美国的载重量在 100 000 t 以上的油船和载重量在 50 000 t 以上的新建油船(1974 年 12 月 31 日后建),必须装有惰性气体保护系统。

SOLAS 74(1981 修正案)第Ⅱ-2 章要求:载重量为 20 000 t 及以上的油船,其货油舱的保护应通过装设一个固定式惰性气体保护系统来获得。可用等效系统来代替固定式惰性气体保护系统。惰性气体保护系统或等效系统:(1)在整个压载航行的正常营运中以及必要的舱内作业中,能防止爆炸性混合物在整个货油舱内产生危险的积聚。(2)系统本身设计应使产生静电而着火的危险减至最小。(3)所有使用原油作为清洗货油舱的油船应装有符合要求的惰性气体保护系统和固定式洗舱机。SOLAS 74(2014 修正案)第Ⅱ-2 章对于 2016 年 1 月 1 日或以后建造的 8 000 载重吨及以上的液货船,在载运"闪点不超过 60 ℃(闭杯试验,由认可的闪点仪测定),且其雷德蒸气压力低于大气压力的原油或成品油或具有类似失火危险的其他液体货品"时,液货舱的保护应通过符合《国际消防安全系统规则》要求的固定式惰性气体保护系统达到,但主管机关可接受其他等效系统或装置;或者载运"上述液货以外的能引起额外失火危险的液体货物或液化气体"时,则在"惰性气体保护"基础上,考虑气体的附加措施。

二、惰性气体保护系统的组成和工作原理

惰性气体保护系统由惰性气体发生器(或烟道气体)、烟道气体隔离阀、洗涤器(洗涤塔)、鼓风机、氧气分析仪、甲板水封及其管系等组成,如图 10-1-2 所示。

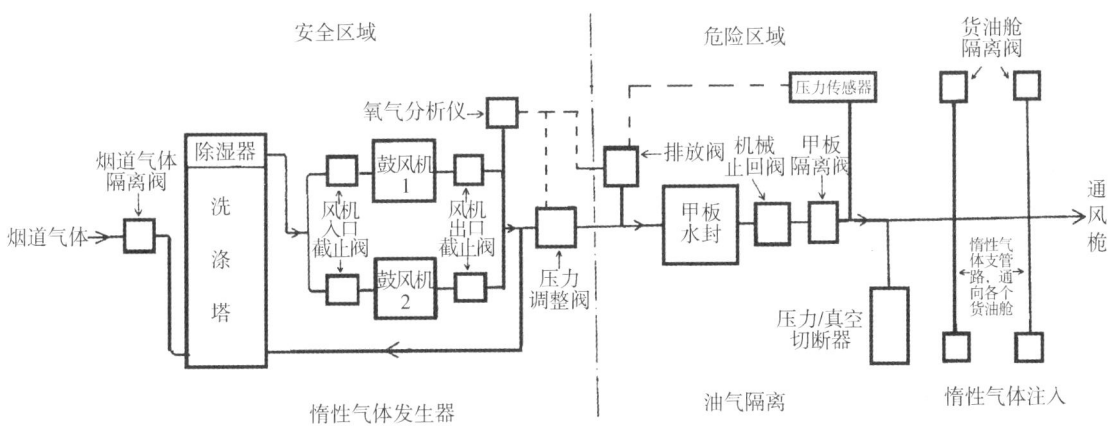

图 10-1-2 船舶惰性气体保护系统原理图

1.惰性气体发生器

惰性气体发生器通过对燃油的燃烧以及对烟气的循环加热,实现不断降低烟气中氧含量的目的。当氧含量达到设定值时,烟气就可称为惰性气体。除了采用这种独立的惰性气体发生器之外,为了节约成本大多数油船采用主或辅助锅炉排出并经过处理的烟道气体作为惰性气体的来源。以上两种系统应能以船舶最大卸油率 125% 的速率(以体积计算)向液货舱输送惰性气体。

2.烟道气体隔离阀

在锅炉烟道与气体洗涤塔之间的惰性气体总管上应装设烟道气体隔离阀。该阀应设有指示装置,以指示该阀的状态(开关)。为了保证该阀的气密及避免出现卡阻,通常会在该阀上装设冲洗装置。

3.洗涤塔

洗涤塔应能有效地冷却惰性气体,并清除惰性气体中的固体颗粒和硫的氧化物。洗涤塔还应装设除湿装置,以尽量减少被带到鼓风机里的水分。洗涤塔应位于所有液货舱、液货泵舱和将这些处所与 A 类机器处所分隔开的隔离空舱的后方。

4.鼓风机

在洗涤塔的出口到惰性气体总管上,应至少装设 2 台鼓风机,并在每个鼓风机的进、排气连接管上装设截止阀。如果船舶配备的惰性气体发生器能输出满足要求的惰性气体总量时,则可允许只设一个鼓风机。如果两台鼓风机同时工作,应能向货油舱至少输送以船舶 125% 的最大卸油速率向货油舱输送惰性气体。

5.氧气分析仪

氧气分析仪主要探测货油舱、惰性气体管路等部分的惰性气体中的氧气含量。此处所述的氧气分析仪为固定式。其显示器装设在货油控制室,探测取样装置则装设在惰性气体总管(鼓风机出口)或货油舱中。氧气分析仪可以控制排放阀和压力调整阀。日常使用时,氧气分析仪应周期性地利用氮气校验其零点。

6.压力调整阀、排放阀

当氧气分析仪探头测试到氧气含量大于 5% 时,压力调整阀将会关闭,同时排放阀打开;通过管道将不合格惰性气体排出。当氧气分析仪探头测试到氧气含量小于 5% 时,排放阀关闭,同时控制通往甲板水封的阀(主控阀)打开,惰性气体通过管道被送入甲板水封。

当惰性气体保护系统正常工作时,货油舱内的压力会随货油的性质和大气条件的变化而变化。为了避免由于这种变化而引起鼓风机过载,还可通过调整压力调整阀开度使多余的气体再循环回洗涤塔。

7.甲板水封

甲板水封为防止惰性气体回流的止回装置,应始终保持足够的供水量以防止碳氢化合物气体倒流,并确保适当的密封作用。甲板水封应有防冰冻的措施。

8.机械止回阀和甲板隔离阀

机械止回阀应安装在甲板水封的前方,应装有可靠的关闭装置,应能防止气体或液体倒流。作为可靠的关闭装置的替代,机械止回阀的前方可以装设一个附加的隔离阀。隔离阀具有关闭作用,可将甲板水封与通往各货油舱的惰性气体管路隔离开来。

9.压力传感器

压力传感器能控制进入货油舱内的惰性气体的压力。它通过控制排放阀和压力调节阀的开闭来维持惰性气体的压力。

10.压力/真空切断器

压力/真空切断器连接惰性气体总管。其作用是保证船舶维持在最大装货速度且油舱其他透气系统关闭时,舱压不超过结构的最大允许值(一般设置其工作压力为 2 100 mm WG[①]),以及在船舶维持在最大卸货速度且惰性气体保护系统及其他透气装置不工作时,舱内负压不超过负 700 mm WG。压力/真空切断器内部装有与本装置工作压力相匹配的防冻液体。

11.压力/真空阀

压力/真空阀安装于每个货油舱,见图 10-1-3。压力/真空阀是对货油舱进行排气的辅助方式。它是真空阀、压力阀和高速排放装置三位一体的重力式自动控制的货油舱透气装置。当某货油舱的隔离阀关闭后(比如该舱装运与其他舱室品质不同的油品),该舱的压力调节就要依靠压力/真空阀。压力/真空阀的设定值一般为 1 700 mm of WG/~350 mm of WG。

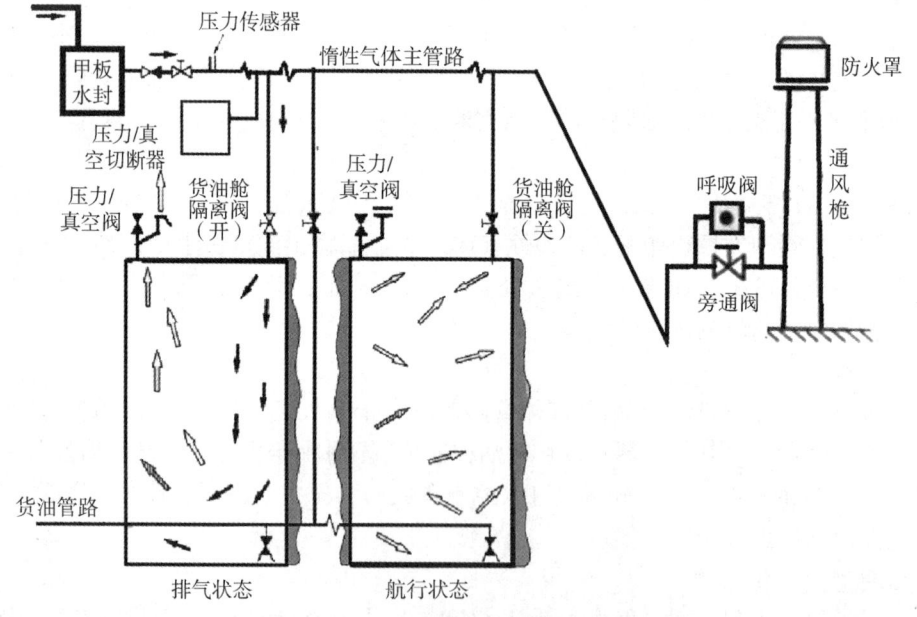

图 10-1-3 压力真空阀和通风枪的布置

---

① 压力单位,翻译成汉语为:毫米水柱,也可以写成 mm of WG,或者 mm of WC。

12.通风桅

通风桅连接惰性气体总管,是调节货油舱压力的首要装备,见图10-1-3。其动作的设定值一般为(1 200 mm of WG/~350 mm of WG)。

三、日常检查维护保养

惰性气体保护系统对避免货舱区域发生火灾爆炸可起到关键性作用,是油船安全作业必不可少的设备,属于油船上最为重要的设备之一。为了指导船员正确使用惰性气体保护系统,船舶必须配备惰性气体保护系统使用说明书。

1.惰性气体保护系统的管路

(1)惰性气体保护系统管路应在装船前以1.5倍设计压力做液压试验,装船以后以1.25倍设计压力进行密封试验。

(2)惰性气体保护系统的冷却水管路应无锈蚀、无渗漏情况发生。

(3)惰性气体保护系统电路应处于正常工作状态。

2.检测仪器与仪表

(1)氧气分析仪

船舶必须按照要求安装固定式氧气分析仪和可携式分析设备,且负责人员应会熟练使用。氧气分析仪应保持完好。营运中,负责人员应定期对氧气分析仪的内部进行清洁,并定期校对;氧含量一旦超标,氧气分析仪应发出报警。

(2)鼓风机、止回装置等仪表

鼓风机、止回装置等仪表的日常检查包括:鼓风机排气端惰性气体的温度和压力仪表应完好;止回装置前方惰性气体供气总管内的压力表是否完好;当供送惰性气体时,连续指示和记录的相关仪表是否完好;打印纸是否可用等。

3.报警设备

报警设备包括惰性气体发生器的洗涤塔低水位报警,惰性气体发生器的洗涤塔低流量报警,惰性气体保护系统的燃油供给不足声光报警,惰性气体保护系统的发生器的动力供应失效声光报警,惰性气体保护系统的发生器自动控制系统的动力供应失效声光报警,惰性气体保护系统的鼓风机故障报警,惰性气体保护系统的惰性气体氧含量报警,惰性气体保护系统的惰性气体压力报警,甲板水封低水位的声光报警等,应检查相关报警是否正常。

4.组成设备

组成设备的检查包括:洗涤塔的外观应无锈蚀、渗漏等情况;洗涤塔的过滤设备工作正常,其过滤材料布放均匀;鼓风机、气体调节阀、隔离阀等工作正常;甲板水封中的水位正常;为整个惰性气体保护系统供应冷却水的海水泵处于工作状态;压力、排量符合要求。

第二节 船舶防火控制图

防火控制图是交船时必备的一份重要图纸,在船舶图纸审阅通过前,需要对图中涉及的所有内容,包括标识是否正确,每一项设备具体安装的数量、位置都需要进行检查,图纸与现场需一一对应,确认完全符合船级社的要求后,船厂邀请船东和船检人员共同上船检查,三方确认无误后,防火控制图方正式生成。

一、防火控制图的内容

防火控制图集中地反映了船舶消防、救生设备的安全技术性能,是保障船舶营运安全的重要性图纸。船舶消防控制图的主要内容有每层甲板的控制站,各级防火分隔围蔽的各防火区域,船舶消防设施器材的位置及数量,以及各通风系统包括风机、挡火闸、遥控关闭装置,应急通道等的位置。

二、防火控制图的作用

(1)防火控制图在船舶消防应急时能够提供船长、现场指挥所需要的全部船舶技术信息。这些信息有助于船长确定火场调查人员进出火场的路线、调查人员所在位置、火场中可供消防员使用的消防设备、通风控制设备等信息并迅速做出决策。

(2)船舶消防应急队可利用防火控制图进行图上推演。船舶消防应急队可以预先设定船舶失火位置,然后根据图上信息讨论应急方案。这样的演习可以大大提高船舶实际应急时的应急效率。

(3)防火控制图提供的信息对船舶三副进行全船安全设备检查、维护有指导作用;防火控制图上标示了船上所配备的全部消防、求生设备,按照防火控制图检查这些设备可以避免遗漏。

(4)防火控制图对船舶进厂修理、更换安全设备有指导作用。按照防火控制图对船舶的安全设备进行修理,可以保证船舶的入级标准,避免施工不当而降低船舶的技术标准。

三、防火控制图的存放要求

一般,防火控制图会悬挂在船舶公共走廊里,船舶上所有人员都能随时看到。经主管机关同意,可将防火控制图中的内容编制成小册子,小册子的数量需保证每位高级船员人手一册,且在船上易于到达的位置应有一份副本可供随时查用。同时,防火控制图或含有该图的小册子应永久性地置于甲板室外面有明显标志的风雨密盒子中,用以帮助岸上的消防员需要时取用。防火控制图和小册子应不断更新,任何改动应尽可能随时记录其上。此种防火控制图和小册子的说明文字应以主管机关所要求的语言写成,如果该语言既不是英语也不是法语,应包括其中一种语言的译文。对客船的附加要求为:防火控制图和小册子应根据 IMO 制定的指南提供有关防火、探火和灭火的信息。

四、船舶防火控制图的组成、识读

防火控制图主要由船舶数据栏、图例栏和视图组成,有的还有通风设备说明栏。

(1)在船舶数据栏中列明了包括主尺度、排水量、载货量、主机功率、转数、航速等说明船舶技术状况的相关数据。

(2)图例栏列有表示船舶消防、求生、通风等各设备的识别符号以及该设备所在的位置、数量等。图例栏中的符号为 IMO 统一标识符号,记住这些符号对正确识别防火控制图非常有用。图例栏中的相关标识后面有该设备的数量和在船上的位置的说明。有关人员根据防火控制图能够很快了解船上相应的消防设备的数量和位置。这对船舶设备的检查和维护具有指导作用。

(3)视图包括船舶侧视图、俯视图、各层甲板平台图。

侧视图通常绘制在图纸的上方,通过侧视图可以了解到:船舶消防设备沿船长(从船尾至船首)方向的布置;沿船高(从船舶的最底层甲板到船舶最高层的各层甲板)方向的布置情况。俯视图也是船舶的主视图,即各甲板向水平投影面投影所得到的视图,主视图是将各甲板分别排列展示的。主甲板上部分俯视图,有船员办公室、会议室、空调室、工作间、控制室、卫生间、油漆间、免税仓库等舱室;消防设备包括灭火器、消防水带、探测器、警铃、消火栓、生活区通风筒的位置、梯道的位置等。

(4)通风设备说明栏中列明了船上所有通风设备的形式及技术性能等数据。

识图的关键是要把图中的 IMO 防火标识的意思弄清楚,并知道有标识的地方就有相关的设备。

五、防火控制图的检查

防火控制图是船上的重要图纸文件。对防火控制图进行检查时,需按照 SOLAS 公约第 Ⅱ-2 章的第15 条,以及国际海事组织海安会的 451 号通函 MSC/Circ.451[①] 进行。

船员在日常工作中,应注意以下事项:

(1)防火控制图应永久地张贴在船舶内部的显著位置。

(2)有一套防火控制图或含有该图的小册子的复制品,永久性地置于甲板室外面有醒目标示的风雨密盒子里,如图 10-2-1 所示,以有助于岸上的消防员取用。该风雨密盒子的位置应该是船上任何可能的火灾情况都可以容易让消防员获取的地方。对于油船、化学品船、液化气船应存放在离货舱与上层建筑分界面 3 m 以外。风雨密盒子应该是红色;表明存放位置的标志应是白底红字,尺寸应不小于 297 mm×400 mm。

(a)　　　　　　　　　　　　　　　(b)

图 10-2-1　防火控制图在船上存放位置的标志(右侧标志表示防火控制图在标志的左侧)

[①]为了补充 SOLAS 公约的规定,IMO 发布了通函 MSC/Circ.451《关于为岸上消防人员提供帮助的防火控制图位置的导则》(Guidance Concerning the Location of Fire Control Plans for Assistance of Shoreside Fire-fighting Personnel)。在通函中重复了上述 SOLAS 公约的要求。

（3）防火控制图的内容变动更新应符合相关要求且有改动记录。所有修改应通知相关验船机构。图上标示内容正确、全面，消防设备和结构使用标准 IMO 标志标识。

（4）储存防火控制图或小册子的风雨密盒子处有根据 MSC/Circ.451 制定的位置标识，储存位置不在登船位置时，在登船位置处应有带方向指引的位置标识。

（5）相关船员应熟悉防火控制图的张贴位置和内容。如果用消防安全操作手册代替防火控制图，每名高级船员应均有一本手册并熟悉其内容。如果有一本单独的手册，其应在易于到达的位置并且易于得到。

课后练习题

1. 简述船舶燃料的管理要求。
2. 简述防火控制图的作用。

参考文献

[1] 国际海事组织.《国际海上人命安全公约》综合文本2014[M]. 中国船级社,译. 北京:人民交通出版社,2015.

[2] 国际海事组织.《1978年海员培训、发证和值班标准国际公约》马尼拉修正案[M]. 2版. 中华人民共和国海事局,译. 大连:大连海事大学出版社,2013.

[3] 中华人民共和国海事局. 船舶与海上设施法定检验规则[M]. 北京:人民交通出版社,2020.

[4] 杜林海,戴树龙,邹锡康. 防火与灭火[M]. 大连:大连海事大学出版社,2019.

[5] 陈长坤.燃烧学[M]. 北京:机械工业出版社,2017.